SG ビジネス双書

コトラー 8つの成長戦略

低成長時代に勝ち残る戦略的マーケティング

フィリップ・コトラー＋ミルトン・コトラー［著］

嶋口充輝・竹村正明［監訳］

Market Your Way to Growth: 8 Ways to Win

［発行所］碩学舎　［発売元］中央経済社

MARKET YOUR WAY TO GROWTH: 8 Ways to Win

by Philip Kotler and Milton Kotler

Japanese translation published by arrangement with

John Wiley & Sons International Rights, Inc. through

The English Agency (Japan) Ltd.

目次

序章　成長への8つの途をマスターするために——1

われわれが生きている世界には、2本の途がある：遅くて低成長の途と速くて高成長の途だ。／低成長経済下のビジネス・レスポンス／低成長経済下で、企業は何をするべきか？／持続的成長のための8つの途／結論

質問——26

第1章　マーケット・シェアを築いて成長する——27

一層の効率化／SWOT分析の準備／財務情報とマーケティングの強みを向上させる／自社のマーケティング・ミックスとマーケット・プロフィールの再評価と改良／一般的知見／自社のマーケティング戦略を再評価するタイミング／マーケット・シェア：勝つための戦略／結論

質問——61

第2章　コミッテッド・カスタマーやコミッテッド・ステークホルダーを増やして成長する ―― 63

どの顧客の、どのニーズを満足させたいか？／顧客が自社から離れてしまう段階とは？／顧客満足に影響する従業員態度の向上には何をすればよいか？／他のステークホルダー（関係者）の接客態度改善のためには何ができるか？／結論

質問 ―― 91

第3章　強力なブランドを築いて成長する ―― 93

強いブランド開発は、自社の成長の可能性をどのように高めるか？／すべてをブランド化できるのか？／ブランドをつくる要素は何か？／強いブランドの特徴は何か？／ブランド構築の主なツールは何か？／ブランドは、どこまで拡張することができるか？／ブランド・エクイティ（ブランドが持つ無形の資産価値）の評価をどのようにモニタリングするか？／ブランド・ビルディング（ブランド構築）とその制御におけるデジタル・インパクトは何か？／結論

質問　126

第4章　新製品、新サービス、そして経験を革新して成長する　127

なぜイノベーションをするのか？／自社のイノベーションのレベルと質をどのように評価するのか？／社内にどのようにイノベーティブな考え方を植えつけるのか？／どこで、イノベーションのアイデアを得ることができるのか？／どのようにイノベーション・プロセスをつくるのか／より良い成長アイデアを見つけるために、創造的なツールをどのように使うか？／イノベーションと発売のための資金を、どのように集め、増やすのか？／結論

質問　192

第5章　国際展開による成長　193

海外直接投資を行う／輸出をする／なぜ、海外に向かうのか？／世界中でもっとも成長しているのはどこか？／海外事業に求められる能力は何

か？／結論
質問——220

第6章 合併、買収、アライアンス、そしてジョイント・ベンチャーによる成長——221

なぜ、会社は自社の成長目的の追求において、他の企業の買収、合併、提携、あるいはジョイント・ベンチャーまでを考えるべきなのか。／買収や合併にふさわしい会社を見つけたとどのようにして確信できるのか？／会社を買収し、同化するプロセスにおいて、どういう大きな問題が起きるのか？／成長の方法として、提携とジョイント・ベンチャーはどうか？／結論
質問——248

第7章 社会的責任の卓越した評判で成長する——249

熱心なCSRへの取組みは、企業の成長にどのように貢献するのか？／企業の評判の主要な決定要因は何か？／企業がサポートできる主な社会的領域はどこか？／企業はどのようにすればその価値や社会的責任を伝えるこ

とができるか？／企業は自社の売上や成長に対するＣＳＲの影響をどのように測ることができるか？／結論

質問——275

第8章　政府およびＮＧＯとの提携による成長——277

政府は、企業や経済に対して好ましい、どのような役割を果たすことができるのか？／企業は、政府およびＮＧＯとどのようにすればより良い協働ができるのか？／政府が、経済成長にとって促進要因ではなく妨げとなるのは、どのような時か？／国家間はどのようにしたら相互利益のためにより良い協働を行うことができるのか？／結論

質問——307

エピローグ——309

原著注——321

監訳者あとがき——329

序章

成長への8つの途を
マスターするために

未来は、夢と修練とのバランスを学ぶ者に開かれる。
未来は、多くのチャンスの可能性に乗じながらも、財源に限りがある現実を認識し、少しのものでより多くのことを可能にする新しい解法を見つけた者にこそある。

ロザベス・モス カンター　２０１１

われわれが生きている世界には、２本の途がある：遅くて低成長の途と速くて高成長の途だ。

今日、世界経済で事業を展開する企業は、２本の途が敷かれていることに気づいている。過去の経済状態、つまり２００８年以前の状態と現在の経済状態は違っているのだ。２００８年以前は、世界経済における各国の相互依存性が高まったために、各国の経済は一斉に上向き、逆に、落ち込むときも一斉だった。今日、世界の国々は、その経済成長に関して、２つの水準（低いか、高いか）と速度（遅いか、速いか）で二分されていることに疑いの余地はない。本書を書いている今現在、アメリカも欧州連合（ＥＵ）も、２０２０年までの10年間、低・遅の経済成長に直面すると予測されている。両陣営ともその経済成長率は低く、それぞれの労働人口（特に若年層）の規模とその成長に対応するだけの十分な雇用創出は不可能だろう。また、両陣営は巨額の累積国家赤字のデレバレッジを始めるために必要な税収創出にも失敗し、新産業の立ち上げを放置することにもなるだろう。アメリカ経済は、人口増加に対応する十分な雇用創出ができない可能性もある。アメリカの人口は、２０１２年、３億１３００万人だが、２０２０年にはおよそ３０００万人増加し、３億４２００万人になると予測されている[原注１]。欧州連合の数カ国は、不景気の真っ只中か、その境界線上にあり、失業率は実に高い。

大幅な成長がなければ、現時点ですでに高い失業率はさらに上昇する可能性があり、より多くの予算を失業対策に費やすことになる。失業のもたらすコストとして、成長喪失、失業保険、健康保険、また国民に広がる倦怠感などが挙げられる。

個人の失業期間は、構造的労働力問題が原因（すなわち、オートメーション化の進展や、求人はあっても特定の技術が必要となり、現在の求職者には条件が合わないなど）により、長期化するだろう。また経済の循環性（すなわち、下降サイクルにより現在失業中の熟練労働者に対する需要が減少し、また緊縮政策により、雇用数や消費に回す収入がさらに減少すること原注2）も長引く失業期間の原因となるだろう。

すでに膨れ上がったアメリカと欧州の歳入不足に対する資金調達は、以下の2つのうちのいずれかの方法で行われるだろう。1つは、貨幣を刷る（すなわち、量的金融緩和政策）という方法だが、これはインフレの可能性もある解決方法である。もう1つは、特にこれから数年間にわたって予測される超低金利下で、設備投資や消費者の消費活動を減退させるレベルまで増税する方法である。

先進国経済の脆弱さは、その国々の中だけにとどまるのか、それとも強く速い成長をみせている発展途上の国々にも飛び火するのだろうか。

残念なことに、アメリカと欧州の低成長は世界の成長を縮小させ続け、中国の成長率も10％から8％に下がり、他のＢＲＩＣ（ブラジル、ロシア、インド）の成長率まで8％から5％に下がった[原注3]。中東やアフリカの数カ国の高い成長率も下がっている。しかし、これらの国々はアメリカ（成長率2％）や欧州（0・3％成長率）と比較すれば、なお高速車線を走っている。

超低速車線を走っているのは、ギリシャ、ポルトガル、イタリア、アイルランド、スペインといった国々で、困窮を極めているし、またドイツ、フランス、アメリカも年間成長率1～3％をかろうじて捻出している状態である。ＢＲＩＣでは、低成長率国家への輸出が減ったことで一層の成長減少に陥ってしまったが、自国の巨大人口のおかげで、あまり深刻な問題にはなっていない。輸出収入の減少にともない、まだ高成長率の恩恵を受けていない自国内の市場へ、注意を向け直すことができる。よって、たとえばブラジルでは北東部の開発、中国では西部を開発することができるだろう。高速車線にいる国々は、経済成長計画を内需型に移行することでスピードを保ちながら走り続けることができるだろう。

低成長経済下のビジネス・レスポンス

パブリック・セクター（公的機関）が何らかの対策（緊縮策、景気刺激策、あるいはそれらの複合案）を決定するまで、景気回復率を予測することはできない。消費者や企業は、不確実性の暗雲の下、財布の紐をきつく締めて生活するだろう。これでは、低成長を恒久化するだけである。二番底の懸念すらある。また、これから数年間の経済予測を、確信を持って語れると主張する経済学者など、きっぱり無視すべきである。

しかし、ビジネスは行動を起こさなければならない。政策が実行されるまでじっと待ってはいられない。では今日、企業にはどんな選択肢があるのか。それには幅広い2つの選択肢がある。すなわち、経費カットか、または売上増加のための戦略の立て直しかである。以下にそれぞれを詳しくみていこう。

経費カット　需要の縮小に直面した多くの企業は、さまざまな方法で経費カットを行う。たとえば、従業員の解雇、サプライヤーにさらなる譲歩を迫るなどだ。もちろん、その譲歩を迫られたサプライヤーにおいても、こういった経費削減、従業員の解雇、次のサプライヤーに対するさらなる譲歩の要求などが起きる。よって、それはカスケード効果（段階的連鎖反応）を生むことになる。最初の会社における経費削減により、次々と連鎖的に全サプライヤーで経費削減が行われてしまうのだ。状況はさらに悪化し劣悪となる。また経費同様、製品価格も下がるが、さらなる価格の下落を期待するから顧客は購入を躊躇するようになる。

戦略の立て直し　経費削減に躍起になるより、新たに戦略を立て直すほうがよほど意味がある。危機的状況とはチャンスが形を変えた姿だから、無駄にしてはもったいないと信じている会社もあるぐらいだ。実のところ、業界や国家的な危機こそ、自社の市場占有率を上げる最高のタイミングである。通常時は、資金調達、組織強化に問題がないので、他社からシェアを奪うのは難しい。しかし、困難な時には、困窮する会社が多くなる。銀行からの十分な現金融資がない、返済費用がかさむ、大事な従業員を手放さなければならない、在庫が膨れ上がる、などといった問題が起こる。つまり、そういうタイミングこそ、十分な現金を持つ企業は、楽に拡大できるのだ。つまり、素晴らしい技能を持つ社員を確保し、低価格で在庫品を入手し、競合他社の買収さえも可能かもしれない。たとえば、昨今の不況時、多くの航空会社では経費削減が行われたが、ジェット・ブルーでは、急成長を持続させるため、航空機を新たに70機購入し、数10億ドルもの借入れを計画した。ジェット・ブルーについては、後ほど述べる。

戦略の立て直しは、さまざまな形で行われる。具体的には、企業は以下のような自問をする必要がある。

- 当社の組織に無駄な脂肪はないか？　あるなら、それを削ろう（ただし、筋肉を削らないように注意が必要である）。

- 利益を生まなくなった特定のマーケット・セグメントはないか？　あるなら、資金をそのセグメントからもっと利益の出るセグメントに移そう。
- 利益を生まなくなった地域はないか？　あるなら、資金をその地域からもっと利益の出る地域に移そう。
- 損失を出している製品・サービスはないか？　あるなら、資金をその製品・サービスからもっと利益の出る製品・サービスに移そう。
- 資金の損失を招いている顧客はいないか？　いるなら、その顧客には競合他社から購入してもらい、当社の損失を防ごう。
- 当社は、コスト削減や競争力のある価格で提供するために、安い労働力や国内外の安い資本調達をうまく活用しているだろうか？

このような質問をすることで、企業は不況の犠牲者となるのではなく、新しい対策をとり危機的状況を有効利用することができる。

低成長経済下で、企業は、いかにして繁栄に結びつく成長計画を立てるべきなのか。われわれは、みかけの成長、つまり、あらゆるコストをかけて可能になる成長のための成長という処方策を探しているわけではない。われわれは、コスト以下の価格で商品を販売する営業マンを憶えている。「どうやって利益を得ているのか」という質問に対して、彼は「大量販売」と答える。これはネズミ講（ponzi scheme）と同じで、われわれの答えではない。われわれが企業目標の成長というときは、収益性の高い成長を意味する。短期的には難しくても、少なくとも長期的には高い収益を上げることである。またもう1点大切なことは、持続可能な成長である。これは、つまり企業がそのパートナーを援助し、かつ、地球の美しい空気、水、天然資源の維持のために支援することを意味する。

このように、本書の目的は、収益性が高くかつ維持可能な成長を得るための主たる方法を定義することにある。

企業が安定した成長をするためには、明確な目的（*purpose*）とゴール（*goal*）を持つのが最善の方法である。かつ、すべてのステークホルダー（組織における利害関係者）がそのゴールの到達に対して一生懸命で熱意をもっていることである。困難な時には、熱意は顕著に表れるが、通常時にも熱意がはっきり感じられなければならない。ゴールは、特定の業界でトップになることかもしれない。世界一の治療を行う病院になりたければ、医学的発見や他の病院の最高の医療行為から学ばなければならない。最高の効率性を目指す土木機械会社は、最新技術を採用し最強の競合他社から学ぶことになるだろう。

危機的状況下では、短期間で収益を上げる方法を見つける企業もあるだろうし、経費や商品価格を下げることで生き残りを賭けなければならない企業もあろう。残念ながら、経費削減には給与削減も含まれるので、このことで、より多くの人々が失業することになる。経費削減は、売上幅の減少を意味し、特に手ごわい競合他社がある場合は、企業を弱体化させる。弱体化することは、安値で競合他社に買収される、または債務返済で姿を消す可能性が高まることを意味する。

低成長経済下で、企業は何をするべきか？

低成長経済下で企業はいかにして成長できるか、そして繁栄していけるかを考えよう。そのために、2つの提案をする。1つは、チャンスのある主な領域を示す9つのメガトレンドの認識だ。2つめは、低成長経済においても成長をもたらす8つの途をマスターすることだ。

9つのメガトレンドを活かす

以下は、2013年から2023年の10年間に成長と機会に影響を与える9つのメガトレンドのリストである。

1　富と経済力の世界的再分配

２　グローバルからリージョン、リージョンからローカルへの戦略的焦点の変更
３　都市化の継続とインフラ・ニーズの増大
４　科学と技術から生まれる機会の増大
５　グリーン・グローバル・エコノミーの加速化
６　社会的価値の急激な変化
７　官民セクター連携の増大
８　顧客エンパワーメントと情報革命
９　ハイパーコンペティションと破壊的イノベーション

以下に、どのようにして企業がこれらの各メガトレンドを利用できるかについて詳しくみていこう。

１　富と経済力の世界的再分配

１５００年代からイギリス、オランダ、フランス、スペイン、ポルトガルの植民地拡大を通じて、西ヨーロッパが支配的経済力を握ってきた。アメリカは植民地化よりも自国内の成長を通じて19世紀に指導力を獲得した。アメリカは、１９４５年から、負債問題と衰退の話題が増えてきた近年まで、主要な世界的大国となった。その経済力は、当初、主に日本に、次に傑出

した石油量のある中東へ、そして最近ではアジアの新興経済地域へ、そして現在は主として中国とインドへ移動していった。

しかし、多くの国家で、富の集中が増大していることに注目することも非常に重要である。新たな億万長者たちの多くは、新興国から誕生してきている。いくつかの発展途上経済圏では、投資先を待っている潤沢な資金があるという良いニュースもある。現在、巨額の資金を持つ主だった政府系投資ファンドが7つある。このように資本供給量は問題ない。資本金が必要な大企業はこういった資金源を選ぶことができる。問題は、一般大衆の購買力が低いままだということである。だから、支出が低調なままなのだ。

ルイ・ヴィトン、ＢＭＷ、エルメス、グッチ、ロレックスなどの高級品の会社にとって、このメガトレンドへの関心は特に高いものとなる。これらのブランド店は、たとえば、中国、ブラジル、インド、ロシア、メキシコなどの急速に発展している国々に店舗を設けてきている。ブラジルのサンパウロでは超富裕層が自前のヘリコプターで高級デパートに出向き、屋上のヘリポートに駐機し、買い物をする。富の成長は、フォーシーズンズ・ホテルのような高級ホテルが次の出店先を考えるときの材料となっている。ガルフ・ストリーム（Gulf Stream）のような自家用機会社やヨットメーカーは、超富裕層にアプローチをかけている。あなたの会社の課題は、この超富裕層市場における成長の機会を考えることだ。

2　グローバルからリージョンへ、リージョンからローカルへの戦略的焦点の変更

チャンスが豊富にあるとき、企業は大都市圏市場に進出する。マクドナルドやスターバックスといったチェーン店は、ヨーロッパに進出し、最初に主な首都、次に第2レベルの都市に進出した。HSMブラジルという管理職トレーニングの大手企業は、最初にサンパウロやリオデジャネイロで営業し、今はまだあまり有名ではないブラジルの都市、フォルタレサ（Fortaleza）、ポルト・アレグレ（Porte Alegre）、レシフェ（Recife）でも営業している。

3　都市化の継続とインフラ・ニーズの増大

都市化はかなり継続しそうだ。主な都市というのは、かつては1000万人以下だったが、今日では、上海、北京、ムンバイ、サンパウロ、メキシコシティなどで、ほぼ2000万人都市になりつつある。さらに、新たな都市が生まれている。中国は、増大が予測される人口を吸収し、既にメガシティとなっている都市のさらなる膨張にブレーキをかけるために、新都市の建設を計画している。これらの都市が成長するにつれ、道路、電気、エネルギー、ビル、水源、衛生施設などが必要となる。これらすべてが雇用を生み、労働力を必要とする。キャタピラー（Caterpillar）、ゼネラル・エレクトリック（General Electric：GE）、セメックス（Cemex）[1]など

■訳者注

1　メキシコのセメント・コンクリート会社。

の企業は、現在成長している都市や、これから建設予定にある都市へその製品とサービスをどんどん送り込んでいる。

4　科学と技術から生まれる機会の増大

機会に不足はない。世界は今もなお、貧困、水不足、大気や水の汚染、温暖化といった解決が必要な古い問題を背負っている。企業と消費者は、満足させたい実用的で感情的な欲求をたくさん抱えている。そこに、生命科学、パーソナライズされた医薬品、機能食品、新エネルギー、ナノテクノロジーなど新たな科学進歩が急速に現れる。これらは、今後の改良と開発が期待される分野である。グーグル、フェイスブック、アップル、アマゾンなどのハイテク会社は、世界的規模でそのサービスを提供することで発展してきた。

5　グリーン・グローバル・エコノミーの加速化

今日、資源搾取が警告的レベルで続くのにつれて、企業や市民の多くが母なる地球の脆さを認識している。その結果、汚染や飢饉が起こっている。特定の重要鉱物が不足しつつあることは知られているが、それ以外の天然資源も危機的状況に陥っている。調理に使う燃料のための森林伐採は続き、魚の乱獲も否めない。アムステルダム、ウイーン、ニューヨークといった都市に共通する悪夢は制御不能な地球温暖化だ。これにより、海水面の上昇が起こり、これらの都市を埋没させ商業力を奪う。エネルギー使用量の削減、汚染の抑制、資材の再利用について規則や技術革新の必要性が高まっている。

資源の欠乏や汚染問題は、企業にとっては大きなビジネス・チャンスになる。ＧＥのＣＥＯジェフリー・イメルト（Jeffrey Immelt）は、エコ・イマジネーションというプログラムを立ち上げ、難しい地球規模の問題解決がいかに収益を生むかを示した。ＧＥは太陽光パネルと風力タービン事業に投資をし、代替エネルギーをつくった。同様に、小売チェーンのウォルマートは、ガソリン消費量の多かったトラックを、50％も燃費のいい低燃費車両に替えた。自動車メーカーは、より迅速にハイブリッド車や電気自動車、トラックに移行した。燃料会社は、フラッキング採掘技術[2]や湿地の新たな化石燃料貯蔵地発掘に事業を移行した。あなたの会社では、緑化による地球救済について、何かを行っているだろうか？

６　社会的価値の急激な変化

デジタル革命は、情報、コミュニケーション・コンテンツや伝達経路（チャネル）の急増をもたらした。どんな質問でもグーグル検索で、ものの数秒で答えを見つけることができる。そのグーグルとは、全知という意味では神に最も近いと言われるウェブサイトだ。私は、世界中にいる６００人の友人とフェイスブックでつながり、Ｅメール、ヘッドセット、スカイプで瞬

■訳者注

2　フラッキング（fracking）は、水圧で岩石を破砕し、地下の埋蔵資源を採掘する方法。

時に連絡を取り合うことができる。世界中のさまざまな生きた文化をビデオで見ることができる。新しいアイデア、流行、ファッションがかつてないスピードで拡がっている。すなわちそれは、他者の信念、価値観、慣習、行為をより強く認識させる流行である一方で、われわれ自身の考え方もより強く浮かび上がらせるだろう。

われわれは、単一民族社会とは程遠い。市民がそれぞれ自分のアイデンティティだとする「民族」の数は、非常に多い。著書『マイクロトレンド（*Microtrends*）』で、マーク・ペン（Mark Penn）とキニー・ザレスン（Kinney Zalesne）は、75の小グループがそれぞれ特定のニーズとウォンツを持っていて、これは企業にとってビジネス・チャンスととらえるべきだと言っている。次の7つの例をみてみよう[原注4]。独身女性の世帯、若い男性と結婚している女性、働いている定年退職者、自宅勤労者、社内恋愛中の人、プロテスタントのヒスパニック、遠距離通勤者。それぞれが、特定のニーズとウォンツを抱えている。たとえば、増加中の自宅勤労者を考えてみよう。家の中に、事務所ないし仕事ができる空間、事務用品、通信機器などが必要になる。彼らをマーケティングの対象とした場合、以上のようなものが必要だとわかる。各マイクロトレンド・グループの中に成長機会の可能性が見つかる。

実際、こういった現象からグレッグ・ヴェルディノ（Greg Verdino）は、各マイクロ・グループに見合った全く新しい方法を提案した。２０１０年の著書『マイクロ・マーケティング：小さな考え・行動で、大きな結果を（*Micromarketing：Get Big Results by Thinking and Acting Small*)』で、同氏は小規模企業家がこのようなグループへの販売に対し、いかにバイラル・マーケティング（viral marketing）[3]を利用できるかを書いた[原注5]。彼のアイデアは、ソーシャルネットワークでつながれた仲間（「マイクロメイヴェンス」、micromavens[4]）を雇い、彼らを通じてバイラル・マーケティングを行い、既存または新しい製品やサービスを口コミで広めていくものである。イェルプ（Yelp）は、地元のレストラン、店やサービスを格付けして大成功をおさめた。販売促進会社のグルーポン（Groupon）は、地元客を相手にするレストランやサービスにマイクロ・マーケティングを行った。

7　官民セクター連携の増大

民間事業を擁護する者と政府事業・投資の弁護者の間で、多くの論争があり、長い時間が無駄に費やされてきた。前者は、政府が国家防衛、公共安全、物理的・社会的インフラ開発に対して資金を投じるのを限定するべきだと主張する。後者は、政府が物理的インフラ、景気促進、

■訳者注

3　Viralは感染的な、という意味であり、バイラル・マーケティングは口コミで感染的に商品・サービスの評判を広めていこうとする手法のこと。

4　マイクロの達人という意味。特に、ソーシャル・ネットワーキングに優れた人を意味する。

健康、教育、福祉における社会的インフラ、また社会・文化の促進を行う必要があると考えている。個々人の意見がどんなものでも、実際のところ、両者の間で協力体制を整え対立を縮小していくことが必要である。西洋諸国の政府の大半は、企業を社会化させ、政府の管理下に置こうとは考えてはいない。旧ソビエトの実験は、政府が全体管理をすることの本質的な大失敗をさらしたからだ。しかし、地方政府と地元の民間企業、州政府と民間企業が協力すれば、地元や州での経済的発展を大幅に促進させることもできる。今日、両者の協力による成功例が増えてきている。

8　顧客エンパワーメントと情報革命

デジタル革命は、販売者、仲介業者、購買者の力関係に非常に大きな変化をもたらした。デジタル革命以前では、販売者は、その製品とサービスについて購買者に与える情報を独占して、一人勝ちを楽しんでいた。基本的にわれわれは広告や株式アナリストを通じて会社を知るしかなかった。会社を選ぶことはできたが、各社の情報はきわめて限られていた。消費者レポートや家族の意見を参考にすることも少しはあったが、大半は依然として情報に事欠いていた。

今日、新車購入前にインターネットで自動車会社のサイトを見ない人はないし、フェイスブックをクリックして友人の感想や体験談を聞いたり、エドモンド・ドットコム（Edmunds.com）[5]で意見だけではなく、本当の価格はどのくらいか調べたり、J・D・パワー（J.D.

Power)[6]で最近の自動車購入者の満足度を調べない人はいないだろう。消費者に権力が賦与されたのだ。消費者が本当の王様になったのだ。また購買者は、販売者同様に十分情報を持っている。購入者と販売者の持つ情報は、今日では、非対称というより対称的である。やがては、クオリティの低い企業がすぐに消えてしまうまでになるだろう。消費者が、製品やサービス水準を簡単で手早く確かめられたら、クオリティの低い会社は、すぐにビジネスの墓場行きとなるだろう。生き残れる会社とは、ターゲットとする市場のニーズとウォンツを完全に理解し、その満足のために素晴らしい仕事をする会社なのである。

9　ハイパーコンペティションと破壊的イノベーション

デジタル革命は、消費者を王様にしただけではなく、市場に仲介業者がいなければ、デジタル社会でもっと上手くやれたはずの多くの企業を崩壊、破壊した。今日、ＣＤショップに出向かなくても音楽が聴ける。本屋に出向かなくても本を購入できる。旅行代理店に行かなくても自分で旅行の手配ができる。さらに毎朝、新聞を配達してもらわなくても新聞を読むことができる。音楽はｉTunes[7]、電子書籍ならキンドル（Kindle[8]）、旅行ならトラベロシティ

訳者注

5　アメリカの自動車オンライン情報調査会社。

6　アメリカの自動車調査会社。顧客満足度調査で有名。

（Travelocity[9]）、ウォールストリート・ジャーナル（*Wall Street Journal*[10]）やフィナンシャル・タイムズ（*Financial Times*[11]）はオンラインのみのサービスも選択できる。ほぼすべての企業で、デジタルを使った自社のサービスの刷新を考えなければならない。デジタル・カメラの登場でフィルムが不要になってコダック社が倒産したように、実店舗での営業をベースにしていた企業はオンライン小売に負けている。既存の企業は、今直面している競合先のことだけではなく、それと同様に、低価格、高品質、高利便性を備えた優秀な新製品やビジネスモデルが登場してきた際のライバルをも視野に入れておかなければならない。

持続的成長のための8つの途

次に、最も有望視される8つの成長への途に注目したい。低成長経済下で事業が停滞しても、これらを探すことで収益を上げることができるからである。この8つの方法を、成長の経済学（growth economics）と呼ぼう。しかし、一点、明確にしておきたいことがある。すなわち、成長自体は、ゴールとして十分ではない。事業が成長するには多くの方法がある。大幅値下げや大損失被害を抑えることにより企業の成長は可能だ。組織的、継続的に成長するというより、瞬発的成長をすることができる。われわれは管理されずに成し遂げた成長（unmanaged growth）と管理下での成長（managed growth）を、多くの場合、別と考える。ここでは、⑴利益を生み、⑵持続可能な、成長を遂げることに関心をもっている。利益を生むとは、短期的なものだけではなく、長期的なものも指す。時として、企業は長期的利益のため、投資を増やし、利ざやを低く抑えなければならない場合がある。われわれの言う持続可能とは、企業が、長期的には、そのステークホルダーと地域や社会全般の興味・関心を得ることをも意味する。急速に成長はするが大気、水、大地の汚染問題に取り組まない企業は地球の天然資源を維持しているとは言えない。そういった行為は、最終的にはあらゆる事業にとっての損失となる。

　われわれはこの８つの途を精査し、各項目の最後に企業が考えるべき質問を用意している。企業は、利益とともに持続可能な成長を実現するために、それぞれの途（方法）を最大限活か

■訳者注

7　iTunesとは、アップルが開発・配信している動画および音楽の再生・管理ソフトである。iTunes Storeに接続することで動画や音楽がここから購入することができる。

8　Amazon.comが販売する電子書籍リーダー、コンテンツ配信をはじめとする各種サービスのこと。Kindle Storeを通じて、電子書籍などのコンテンツを購入することができる。データもＰＣなどを経由せずに直接ダウンロードができる。

9　国内外の観光、お土産、ツアーなどの旅行の口コミサイト。

10　ニューヨークで発行される、米国を代表する日刊のビジネス紙。

11　イギリスで発行され、現在では国外でも発行されている日刊新聞。金融業者を主な読者としていたが、現在では政治や社会情勢なども扱い、幅広い読者を対象としている。

しているかどうか判断するため、その質問に答えなければならない。それぞれの途（各方法）は、今までに何度も説明されてきた。吸収合併をいかに成功させるか、一段と強いブランドをつくるには、もっとイノベーティブな文化の開発には、海外進出でチャンスを探るには、などの課題をどうすればよいか詳細に記述した書籍は数多く出回っている。しかし問題は、企業がこの中のどれか1つだけの方法で成長できると考えているときに起こる。実際には、いくつか複数の方法が必要かもしれないからだ。

われわれは、8つの方法を本書に集約した。これにより、熱意あるビジネス・パーソンが、この8つの方法すべてにあるチャンスについて、自分の立ち位置をより広い視野で考えることができるようになる。以下は、8つの途を行くにあたって、あなたの会社の立ち位置を確認するために、あなたの会社がわかっていなければならない事柄である。

- 最善のケースでは、あなたの会社は8つの途のすべてを修得していることになる。これがあなたの会社の大きな売上高と増益の理由だ。
- もしくは、いくつかの途は修得したが、できなかったものがある。不完全な途について、現実的かつ行動的計画を立て、技術改良に集中することが課題となる。
- もしくは、最大の競合他社と比較したら、あなたの会社はこの8つの途の大半において、平均的であることを認識するかもしれない。平均的企業から優秀企業になるには、最初にどこを強化すべきかを探究しなければならない。

ここで質問を始めよう。利益を獲得しつつ持続可能な成長をするために企業が修得すべき8つの途とは何か？ それは、本書の8つの章で説明し、以下の質問に答えることで見えてくるだろう。

1 マーケット・シェアの拡大により成長する方法。あなたの会社が競合他社に勝ち、市場でのシェアを向上させる最善の方法とは？（1章）

2 コミッテッド・カスタマー（企業の製品・サービスを強く支持してくれる顧客。献身的顧客と呼ぶ）やコミッテッド・ステークホルダー（協力的なステークホルダー）を増やして成長する方法。あなたの会社のファンや、あなたの会社に協力的なバリューチェーン・パートナーをいかに開拓していくか？（2章）

3 強いブランドの開発で成長していく方法。戦略と行動の礎となる強いブランドの構想とその実施のために、あなたの会社ができることは何か？（3章）

4 新製品やサービス、それに経験をイノベーションすることで成長する方法。あなたの会

社は、イノベーション文化の開発、また新しい提案や経験の創造をどのようにして行うか？（4章）

5　海外展開で成長する方法。あなたの会社が、海外の高成長の波にマクロ的やミクロ的に上手く参入するには？（5章）

6　吸収合併、買収、提携、ジョイント・ベンチャーで成長する方法。あなたの会社が、吸収合併、買収、提携、ジョイント・ベンチャーを通じて魅力的な協力形態を得るチャンスを探るには？（6章）

7　社会的責任に対する評判を高めて成長する方法。あなたの会社が、社会やステークホルダーからより多くの尊敬と支援を得られる社風に改善していくには？（7章）

8　政府やNGOとの協力で成長する方法。あなたの会社が、公共、社会、個人のニーズに応えるために政府やNGOと協力するチャンスを見つけるには？（8章）

われわれの論点は、8つのすべての方法において、戦略的マーケティングの考えが重要だということである。マーケティングとは、消費、支出、雇用創出の鍵である顧客を中心に考える力である。マーケティングとは、国の内外で経済的競争と革新を創造し増大させることができる具体的な行動を提案する新しい経済学である。

これらの方法により、停滞する経済下でも、あなたの会社は戦略を立て直し、成長へのチャンスを探ることが可能となるだろう。

結　論

財政のメルトダウンと長引く伝染病的世界経済危機には、政府とともに民間企業の知的な対応が必要である。政府は、緊縮経済または景気刺激策に打って出るのか？　民間企業は、コストと価格のカットを行うのか、またはその戦略を立て直すのか？

以下の8つの各章では、不確実な政治と急速に変化する経済環境に直面する時代においても、民間企業における知的な投資・支出のために、何ができるのかに焦点を当てる。企業が長期的に持続可能な成長と繁栄を得るためにこれら8つの方法をいかに利用していくかを示していきたい。

質問

1　8つの方法において、あなたの会社はどれに最も強く、どれが最も弱いか？

2　8つの方法のうちどれか1つを強化できるとしたら、それは何か？　またそれはなぜか？

3　9つのメガトレンドのうち、現在あなたの会社にとって最高のチャンスとして注目するのはどの分野か？

4　国が、⑴緊縮策をとる、⑵景気刺激策をとる、のうち、あなたの会社にとって良い影響がでるのはどちらか？　その理由は何か？

第1章

マーケット・シェアを築いて成長する

ダメな会社はライバルを無視する。
普通の会社はライバルの真似をする。
勝つ会社はライバルに先んじる。

最近の調査で、カンファレンス・ボード（The Conference Board）[1]が各社のＣＥＯに事業の優先順位のランク付けを依頼したところ、当然ながらトップ・プライオリティーは会社の成長であった。プロクター&ギャンブル（The Proctor and Gamble）[2]の社長、ボブ・マクドナルド（Bob McDonald）は「成長しなければならない。それが大事な点だ。」[原注1]と強調した。成長は、通常時でも目標になるが、不景気な時にはなおさらである。

しかし、通常時でも成長は容易ではない。２００８年の大停滞期（Great Recession）以前でも通常とは言えない状況だった。あらゆる業界で過剰供給が存在し、企業にとっては、値上げどころか価格の現状維持でさえ難しかった。企業の利ザヤは少なく、低下の一途であった。

不況の始まりと進まない回復は状況を悪化させるだけだった。企業は単に成長戦略が必要なだけではなく、防衛戦略も必要だと感じていた。しかし、企業は、防衛については、成長以上に考えもしないといった具合だった。というのは、成長には動きがあり、報酬があったからだ。既にあるものを維持してもＣＥＯは称賛を受けない。それを拡大させてこそ賛辞を受けるのだ[原注2]。しかしながら困難な時期には、ライバル企業も必死なので、中核事業に対する攻撃は

■訳者注

1　アメリカの産業調査会社。

2　アメリカの日用品製造会社。以下Ｐ＆Ｇとして何度も登場する。

その頻度も深刻度も上昇する。多くの企業が顧客や売り上げを失うことを恐れて、喜んで値段を下げるし、売り上げ維持のために競合他社への攻撃的で略奪的な行動にでる。また顧客側も問題を抱えているので、より大幅な値引きを要求してくるだろう。

そのとき、企業はたくさんある従来からの戦略を実行し始めるだろう。たとえば、コスト削減、製品・パッケージの刷新、新しいコミュニケーション方法などを用いて利ザヤの維持に努めようとする。しかし、今日、企業にはかつてない難題、つまり、安値販売をする海外の競合他社、迅速で競争力のある駆引き、価格の透明性、顧客が得る情報の制御不能、といった課題に直面するのだ。

企業は、価格引き下げをする競合他社に対して、以下の3つの選択肢を持つ。

1　価格は据え置くが、他のベネフィット（特典など）を追加する。

2　大幅値引きを迫る顧客のうちで、値引きする価値のある顧客には値引きする。

3　すべての顧客に値引きする。

企業は、ベネフィットを増やすことで、今の価格の据え置きができる。または、製品特性、配達条件、サービスの質を向上することもできる。しかし、ベネフィットの増大が不可能なら、直接値下げするか、または販促手段（割引き、リベートなど）を通じて値引きをしなければならない。あるいは利ザヤ維持のためには経費削減も余儀なくされるだろう。

このように、市場シェア獲得を繰り上げるために、われわれは企業に以下の５つのステップを考えてもらいたい。

1　一層の効率化
2　強み（Strength）、弱み（Weakness）、機会（Opportunities）、脅威（Threats）のＳＷＯＴの分析の準備
3　財務とマーケティングの強みを向上させる
4　自社のマーケティング・ミックスとマーケット・プロフィールの再評価と改良
5　勝つためのマーケティング・シェア戦略の開発

次にこれらの詳細をみていこう。

一層の効率化

通常時では、企業は、成長期には気前よく自由に支出することが可能なため、どの企業でも「脂肪」がつく。財務や事業に関しての規制も少ないので売り上げは伸びるが脂肪も増える。

好調期には通常15～20％の脂肪がつくだろう。

大企業でも、経費がかかりすぎで、最終的には削減の必要があると認識するだろう。たとえば、数年前にＰ＆Ｇの事業成長が減速した際、マーケティングにかかる費用が売り上げの25％にもなっていたことがわかり、20％に抑える必要があると認識した。このとき、Ｐ＆Ｇは次のステップで進めた。

- 歯磨き粉、洗剤、石鹸などのさまざまな商品のサイズとバージョンの数を減らした。
- 経費削減のため、より多くの商品、パッケージ、広告を標準化した。
- 弱いブランドを捨てた（８つある洗剤ブランドから２つ減らすなど）。
- 新商品開発費を減らし、最も見込みが高いものだけに集中した。

長期化する低経済成長に直面するどの企業も、身軽になるためのステップを踏まなければならないのは明らかだ。図表１－１は考慮すべき質問リストである。

SWOT分析の準備

〔図表1－1　コストダウンの方法を探る〕

あなたの会社は、

- 価格交渉やより安いサプライヤーに変更するなどで、紙類、パッケージやその他のコストを下げることができるか？
- よりコストのかからない配送方法に変更できるか？
- あまり使われていない営業所を閉鎖し、今日の情報コミュニケーション・ツールを利用して在宅営業部員の獲得が可能か？
- 広告会社をペイ・フォー・パフォーマンス（業績給）ベースにできるか？（P＆Gはこれを採用している）
- 従来型の経費のかかる通信方法を安いデジタルのものに変更できるか？
- 販促費用を30秒間のテレビ・コマーシャルから公共広告や新しいソーシャル・メディアに移してインパクトを高めることができるか？
- 顧客があまり重視しない製品機能・特徴、サービスを破棄できるか？
- スタッフミーティングを、よりコストがかかりにくい場所で、より短く、回数も減らすことはできないか？　ミーティングをオーディオ、ビデオ、ウェブを使ってできないか？（テレコンファレンス・サプライヤー大手のシスコ社は、「出張しない会議（Meet face to face without Travel）」を売り出している）

どの会社も現況確認のために、新たなSWOT分析、つまり強み、弱み、機会、脅威の分析が必要だ。絶対値としてのSWOTを上げたいだけでなくライバル会社と比較しての相対的なSWOT値も上げたい。もし自社が95％を維持していても、主たる競合他社が98％維持しているなら、自社が有利とは言えないし、顧客も98％のほうを好むのだ。

まず、強みと弱みについてみていこう。その後、機会と脅威について考える。

強みと弱み　どの会社も一連のケイパビリティ（能力）を備えている。会社の業績に貢献する重要なケイパビリティは次の4つのレベルのうちのどれかになる。競合他社に対して、優れている、良い、平均的、そして劣っている、である。あるケイパビリティが優れているか、良い、であれば、それは強みとなり、企業がそれを活かすことを期待する。ケイパビリティが劣っていれば、それは明らかに弱みとなる。しかしそれは、そのケイパビリティが、会社の業績においてどれくらい重要かによって、大きく変わってくる。たとえば、米国におけるTモバイル社[3]の送信ネットワークは弱みとなり、同社はAT&T[4]と合併することになった。このようなものが、会社の業績に深く関わる弱みの例である。図表1－2は、企業がその強みと弱みの分析を行う際に役立つ、主な4つの分野のリストである。

ここから、企業は2つの重要なことを学ぶはずだ。まず、主な強みを認識できるということである。しかし、もっと重要なのは、その強みのうちのいくつかは顧客にはあまり関係ないということを認識できることだ。第2に、主な弱みを認識し、そのうちのどれが、バイヤーにとってどうでもよい要因なのかを見極めることである。企業は、顧客にとって最重要事項である強みや、事業を成功させる強みに集中すべきである。

機会と脅威　次に、事業業績に影響を与える外的かつ突発的な要素に関して、より機能的な考察をする。それには機会と脅威を探知する早期警戒システムとシナリオ・プランニングの2つのツールが役立つ。

〔図表1－2　強み・弱み分析〕

	成　果	重要性
	高 中 低	高 中 低
マーケティング		
1. 会社の評判		
2. マーケット・シェア		
3. 顧客満足度		
4. 顧客維持度		
5. 製品の品質		
6. サービスの品質		
7. 価格の有効性		
8. 流通の有効性		
9. プロモーションの有効性		
10. 営業力の有効性		
11. イノベーションの有効性		
12. 地理的なカバレッジ		
財務状態		
13. 資本コスト、あるいは調達の容易さ		
14. キャッシュ・フロー		
15. 財務的安定性		
製造		
16. 設備の状態		
17. 規模の経済性		
18. 生産能力		
19. 優秀でよく働く労働力		
20. 納品能力（時間の正確さ）		
21. 製造技術		
組織		
22. ビジョナリー性／優秀なリーダーシップ		
23. よく働く従業員		
24. 企業家志向		
25. 柔軟性または応答性		

早期警戒システム　われわれは、ある場所での出来事が、地球の反対側にある別の場所に強い影響をもつような相互作用のある時代に生きている。たとえば、２０１１年3月11日、日本で起こった地震では多数の死者が出て、供給、製造、売り上げにも大きな損害が出た。近くにある原子力発電所からの放射能漏れに関して、世界中の人が何カ月も鋭い眼差しを向けていた。

変化は急速に起こっており、顧客、サプライヤー、配送業者の行動や、製品やサービスを混乱させている。どんな企業においても、その事業活動を妨害するような出来事、テクノロジー、技術革新が起こって、関係や生産性が崩壊する可能性がある。それはデジタル革命が、ＣＤショップ、本屋、新聞に与えたダメージを考えてみればわかるだろう。また、このような影響を持つのは壊滅的な、あるいは世界的な出来事だけではない。小さな工場で働いている１、２人が、全産業や社会を変えてしまうような何かを発明するかもしれない。ヒューレット・パッカード（Hewlett-Packard Company）を起こしたビル・ヒューレット（William Hewlett）とデイブ・パッカード（David Packard）の場合や、最近ではビル・ゲイツ（William Gates）（マイクロソフト）、スティーブ・ジョブズ（Steve Jobs）（アップル）、マーク・ザッカーバーグ（Mark Zackerberg）（フェイスブック）、ラリー・ペイジ（Lawrence Page）とセルゲイ・ブリン（Sergey Brin）（グーグル社）のケースを考えてみればよい。

新たな機会や脅威に関する知識を深めるには、自社のさまざまな構成分野に対する監視責任をさまざまなスタッフに持たせることである。図表1-3は、その監視すべき要素のリストである。たとえば、各競合他社に対して1人ずつ担当営業マンを決めれば、その競合他社について多くの情報を集めることができる。このように営業マンを特定の競合他社と張り合わせるとその営業マンはその企業についてのエキスパートとコンタクトをもち、その企業がどんな戦略をとろうとしているかわかるようになるかもしれない。社内の専門スタッフでチームをつくらないのであれば、このような情報はインテリジェンス・ファーム（企業情報提供会社）を通じて得るほかない。

ある構成分野についての知識のエキスパートになるには、なにもフルタイムの社員でなくてもかまわない。責任が追加されるだけのことだ。会社では特定の責任を課す必要があるが、社員全員がすべてを観察することなど期待できない。

早期警戒システムによって見つけたものをチャンスに活かすこともできる。たとえば、ライバル会社が工場を1つ閉鎖する計画だと社員の一人が知れば、その事業をあなたの会社が買収するチャンスにもなるし、少なくとも市場のシェアを獲得するチャンスでもある。

■**訳者注**

3　アメリカの携帯電話会社（携帯キャリア）。2012年現在、米キャリア第4位の会社。

4　アメリカ最大手の電話会社。インターネット接続サービスも提供している。

〔図表1－3　早期警戒制度の構成要素〕

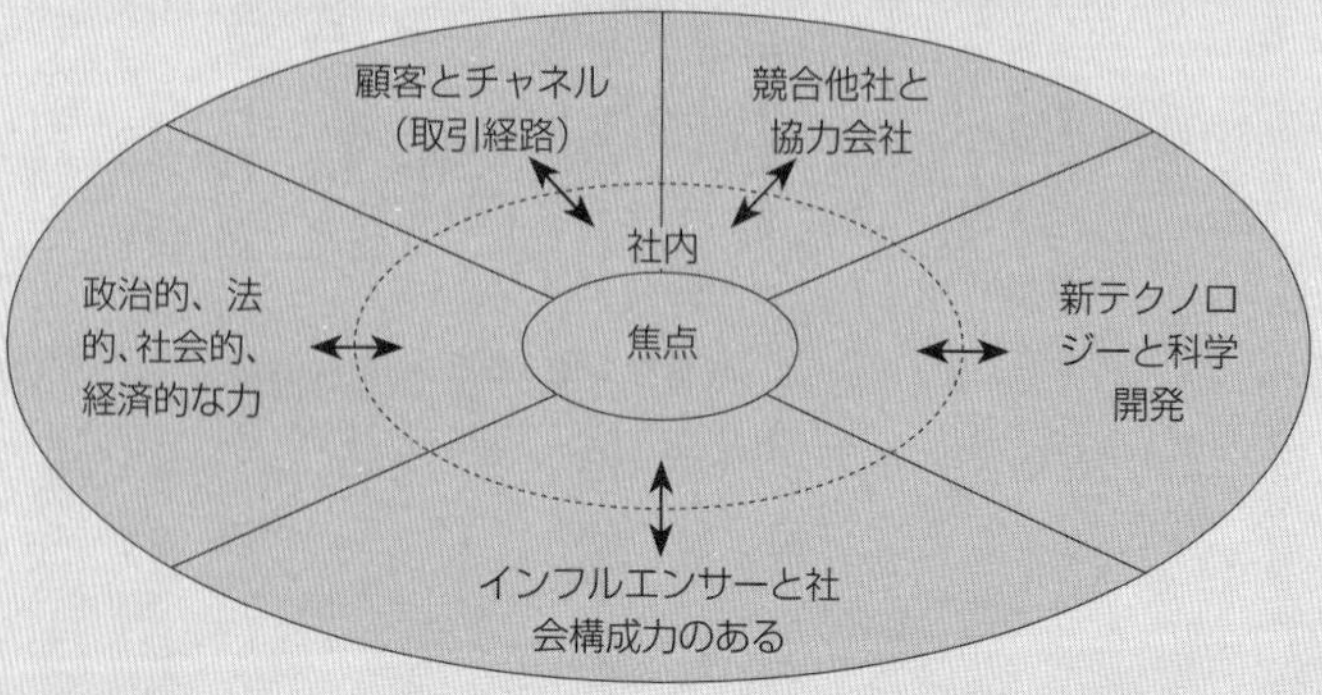

出典：George S. Day and Paul J. Shoemaker, *Peripheral Vision* (Boston : Harvard Business School Press, 2006).

自社が発掘したものが脅威になることもある。たとえば、ボナージュ（Vonage）[5]は企業向け格安テレコミュニケーションパックを世界に送り出したパイオニア的存在で、60カ国以上に毎月定額で無制限に国際電話できるサービスを売り出した。しかし今日ではマイクロソフト社のスカイプが主要なライバルになり、これに対抗しなければならなくなった。

あらゆる脅威や機会の重要度と実現性を予測しなければならないが、影響がそれほど大きくないことや実現性が乏しい事項に関しては、見過ごすことも可能だ。

シナリオ・プランニング　次のステップは、機会と脅威の全体像をまとめることである。これは、前述の2つめのツールを使って行うことができる。シナリオ・プランニングは、元々は、不確実事項が多い軍隊で発展した。企業でこれを初期に使用したのは、たとえば、ロイヤルダッチ・シェル[6]で、発掘可能な油田数がわからない、石油の需要がわからない、そして石油需要について環境運動の影響がわからない状況で、巨額の投資をしなければならなかった。ファイザー社[7]は薬剤価格規制や新たなヘルスケア法（オバマ・プラン）がわからない状況でシナリオプランニングを多用した。シナリオ・プランニングでは、企業は、会社に多大な影響を与える主だった事項についてどんなことが起こるかさまざまなシナリオを考える。多数のシナリオを想定することが可能だが、できるだけ数を抑えるのがよい。仮に以下の3つのシナリオができたとしよう。

1　現在とよく似た通常時のもの
2　脅威のほうが機会より多い悲観的なもの
3　機会のほうが脅威より多い楽観的なもの

■訳者注

5　アメリカの格安通信サービス会社。
6　オランダ・ハーグに本拠地を置くイギリスとオランダの企業で、世界第2位の石油エネルギー企業。エクソンモービル、BP、シェブロンなどと並ぶ（石油）スーパーメジャーの1つ。
7　米国本社の製薬業界のトップ企業。世界最大級の研究開発型企業ともいわれ、処方薬のバイアグラ、リピトール、市販薬のリステリンなどが有名。

〔図表1－4　異なる3シナリオ展望〕

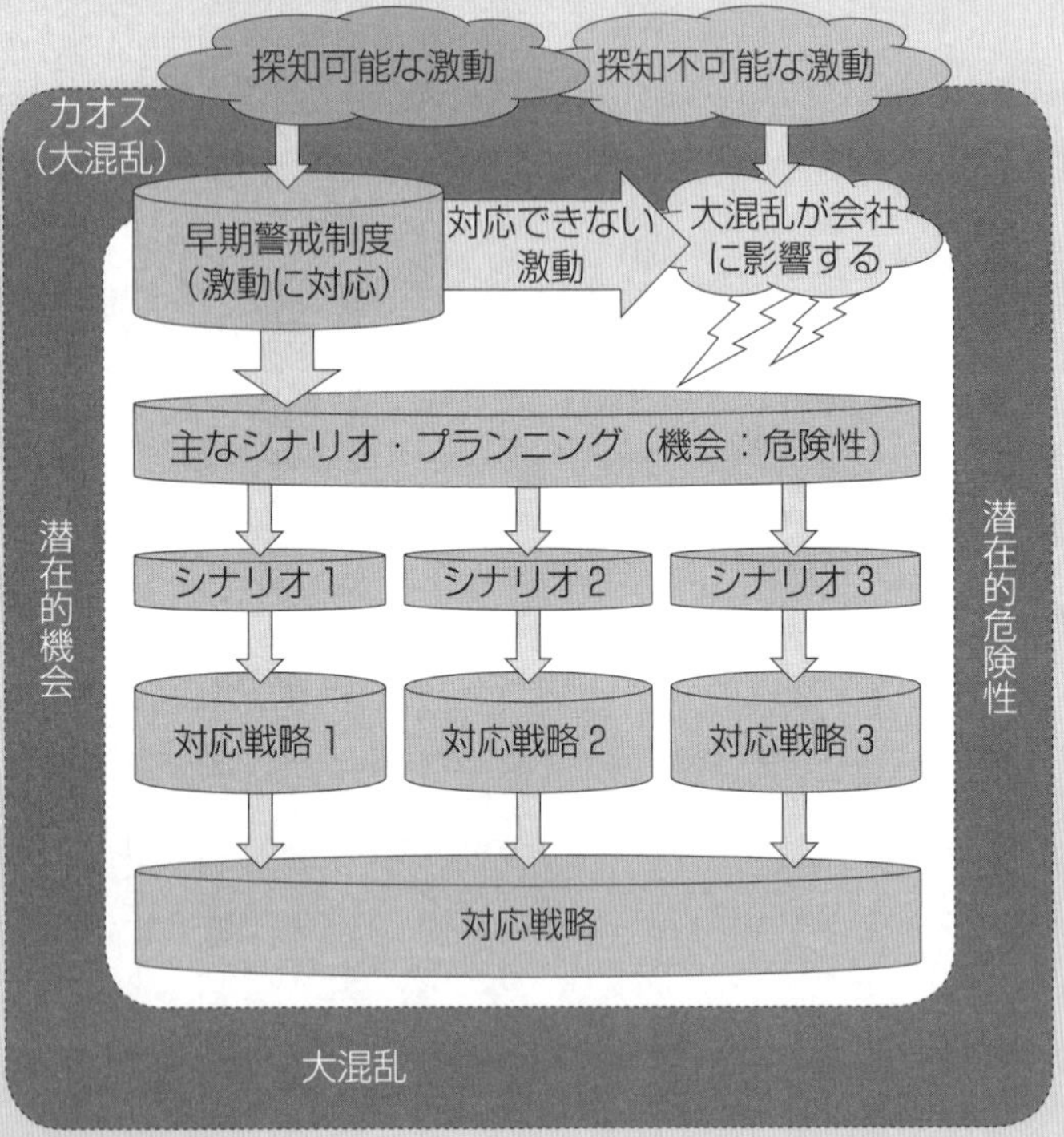

出典：Philip Kotler and John A. Caslione, *Chaotics,: The Business of Managing and Marketing in the Age of Turbulence* （New York：AMACOM, 2009）.フィリップ・コトラー＆ジョン・A・キャスリオーネ『カオティクス』（齋藤慎子訳）、東洋経済新報社、2009年

　企業のシナリオ制作の幹部は、次期に、会社が置かれる可能性のある経済的、社会的、技術的、そして政治的な環境を検討する。１つのシナリオでは、環境が現在と変わらないパターンを想定する。次は悲観的パターンで最悪の環境を想定する。３つ目は楽観的パターンで最高の環境を想定する。シナリオ・プランニングの価値は、それをしておけば、予測が簡単になるということではない。実際、上記の３つのパターンのいずれでも予測は難しい。シナリオ・プランニングの目的は、起こる可能性のあることについて想像力をふくらませることにある。そうしておけば、何か新しいアイデアを考えついたり、上記のいずれかが発生した場合、どう対応するか事前に決断が可能になるかもしれないからだ。つまり目的はシナリオ・プランニングで、思考を表面化させ、周囲に対する見方やさまざまな可能性やパターンの拡大をさせることにある。最も深刻な脅威に対して、企業は緊急対応計画を準備しておくべきだ。

　企業は、高まる不確実性に対して、その他の方法で対応することもできる。イーライ・リリー（Eli Lilly[8]）、シアーズ（Sears[9]）、ゼネラル・モーターズ（General Motors：GM）、Ｐ＆Ｇといった会社は、モンテカルロ・シミュレーション[10]を用いて、既に実行された戦略からでも

■訳者注

8　米国の国際的な製薬会社。世界ではじめてインシュリンの製剤実用化に成功した企業でもある。

9　アメリカの百貨店。カナダ、メキシコでも百貨店を展開している。

10　モンテカルロ・シミュレーションは、乱数を用いて行う数値計算の方法の１つ。

異なる結果の可能性を示すことのできる確率分布を開発している。メルク（Merck and Company[11]）は、ウォー・ゲーミング（*War gaming*）という別のツールを用いて、あるプレーヤーが始めた大きな変化やその後の行動、反応に対して、他のプレーヤーがどう対応するかを研究している。デシジョン・ツリー（*decision trees*）を用いて一連の可能性のある決断と、その結果起こるであろう結末を列挙している会社もある。

財務情報とマーケティングの強みを向上させる

企業が低成長経済下での選択肢を考えるとき、それは、その企業の財務状況とマーケティングの強さによってかなり変わってくる。グローバル・マネジメントと戦略・コンサルティング会社のブーズ・アンド・カンパニーによると、会社の状況は以下の4つに分類できる。図表1－5では、会社にとっての最善の戦略が、各々の状況によって異なることを示している。

1．強い会社　強い財務力とマーケティング力が備わっており、才能あるマーケティング・マネージャーと豊富な資金がある。こういった場合、企業は勝負に出て市場シェアを増やすべきだ。マーケティング・キャンペーンを増やし、競合他社やその資産の買収や、苦戦中の競合

〔図表１－５　あなたの会社はどのタイプ？〕

会社の戦略プロファイルによる

	強い会社	安定した会社	苦戦している会社	破綻している会社
財務	強い	強い	弱い	弱い
マーケティング	強い	弱い	強い	弱い
	競合他社もしくはその資産を買収し、マーケティング費を増やす	マーケティングチームを強化し、強いブランドを獲得する	諸経費を削減して新たなキャッシュを生み出し、サプライヤーと再交渉、工程を改良	会社をたたみ、残せるものは救済する。あなたの会社には見込みがない

出典：ブーズ・カンパニー（Booz & Company）

他社を追い詰めることも考えるべきだ。競合他社によっては、資産の一部または全部を売却することもあるだろう。財務、マーケティングともに充実しているグーグルのような企業には黄金期である。

2．安定した会社　ここに属する企業は財務では強いが、機会をつかむべきマーケティング力が不足している。ある意味でマイクロソフトはこれに当たる。資金は豊富だが成長するのに苦戦しているからだ。資金を用いてマーケティング力を高め、強いマーケティングチームをつくる必要がある。苦戦中の会社がマーケティングの専門家を解雇したかもし

■訳者注

11　アメリカの世界的製薬会社。

れないので、そういった人たちは、自分の知識を生かせる場所を探しているはずだ。また、一からブランドをつくるよりも強いブランドを買収することも考えるべきだ。このタイプの企業が少しずつマーケティング力を上げていけば、財務もマーケティング力もある第1グループの企業のようになる。

3．苦戦している会社　第3のタイプは、マーケティング力があって、多くのアイデアを実行したいと考えているけれども、そうするための資金が不足している会社である。クライスラー[12]は、技術革新の歴史があるが、現在は成長のためにより多くの資金が必要だ。諸経費を削減し新たなキャッシュを生み出し、サプライヤーと再交渉して、工程を改良することで新たなキャッシュを生みだすことができる。この種の企業は、銀行などの金融機関に対して、その優れたマーケティングのノウハウを示すことで資金の借り入れを可能にする必要がある。財務体質強化のための資本を得ることができれば、財務、マーケティング力ともに強い第1グループのようになる。そうすれば、競合他社からシェアを奪うことができる。

4．破綻している会社　第4のグループは、財務、マーケティング力ともに欠如しているものである。低成長で、後退した経済状況下で、このタイプには繁栄して自力で生き抜こうとする希望を提案することは難しいだろう。現在のＪＣペニー（J. C. Penny）[13]が、これに当たるかもしれない。新たな戦略構築か、他社への売却が必要である。

自社のマーケティング・ミックスとマーケット・プロフィールの再評価と改良

景気が減速する市場では、企業は必死でコスト削減の方法を探す。そして目下のコストカット先として3つの領域を選ぶことが多い。新製品開発、人材、そしてマーケティングの3つだ。具体的には、新製品発表を見合わせたり、人材の採用と従業員トレーニングへの支出を止める。マーケティング領域では、あまり重要でない市場に対して経費を削減する。

景気減速時のマーケティングについて多くの誤解があるので、ここではそのベスト・プラクティスについてみてみよう。一般的な感覚では、多くの企業ではテレビ広告を削減するようである。長期的には、テレビ・コマーシャルはブランド力を高めることができるが、コスト削減は今すぐ行わなければならないのだ。製品、サービス、マーケットの一部分、それに採算の合

訳者注

12　アメリカの自動車会社。ビッグスリーの1つ。

13　アメリカの小売業。

わない顧客の切り捨てまでも考えるかもしれない。

しかし、資金繰りで苦労しているすべての会社がマーケティング予算をカットするべきだと考えることはない。以下の2011年のコトラーマーケットグループレポート『困難時のマーケティング：大停滞期における企業の繁栄方法を見つけた最高の企業行動』（*Marketing through Difficult Times: Best Practices of Companies that Found Ways to Prosper During the Great Recession*）からの知見をみてみよう[原注3]。

一般的知見

- チーフ・マーケティング・オフィサー（CMO）の多くは、マーケティングの決め手になる費目については、その経費を維持または増大したと答えた。それらの会社においては、製品ラインの収益強化、オンライン・マーケティングや戦略的アカウント・マネジメント活動を拡大した。
- オンラインやデジタル・マーケティング活動は、大停滞期（Great Ressesion）にその重要性が増した。これらのツールは、比較的低予算でできるので、現況の経済下では多くの企業がこれらに投資したようだ。

- マーケティング活動（オンラインとデジタル・マーケティング活動も含む）の継続的な強化には、マーケティング領域での人材削減が伴う。つまり、企業は少ない経費でより多くのことを求める。
- 「少ないものでより多くを」というアプローチは、短期的利益を約束するような特権的行動を伴い、収支決算に明らかに直接的な影響を与えるようになる。経済状況を考えると理解はできるが、これが高じると企業の長期的なマーケティングの安定性と有効性に関しては、懸念が出てくる。

調査では、企業業績を精査し、高業績グループと低業績グループの2つに分類した。企業に対して、各業界における自社の売上成長率をレート付けするよう依頼し、業界の平均より売上成長が高い企業を高業績グループ、それ以外は低業績グループとした。研究者が、その中の50社の公的記録と、業界平均値に対する実際の販売変化を比較したところ、企業が発表したデータとの間には有意差はなく信頼できることがわかった。以下は、高業績グループと低業績グループの大きな2つの違いである。

1　高業績グループも低業績グループも大停滞期にはマーケティングに力を入れてきたが、

高業績グループのほうがその力の入れようがかなり高かった。

2　高業績グループには、低業績グループと比較してより強固なマーケティング文化があった。

自社のマーケティング戦略を再評価するタイミング

次に、景気後退期に入った時に、自社が何をすべきかについて考えていこう。マーケット・セグメントと顧客、自社の製品・サービス、プロモーション・ミックスの再評価は必ず必要だ。それぞれを詳しくみていこう。

マーケット・セグメントと顧客の再評価　企業は、自社製品と同じカテゴリーにある商品を購入する消費者には、ぜひ自社の製品を売りたいと思うものだが、消費者の需要、価値、支払い能力もさまざまであることも理解している。よって、ターゲットとするべき顧客を見極める必要がある。そのためには購入者を意味あるグループに区分けしなければならない。年齢、性別、収入、教育、ライフスタイル、またはこれらを組み合わせたもの、といったカテゴリー別に市場における顧客を分類する。企業は、基本的に似たタイプの顧客を求め、欲しいもの、購入基準、購入行動が似ている顧客が入る同質的なグループを探している。企業がターゲットとしたい、そして上手く販売できる顧客を特定した場合、広告代理店や営業部にそのグループを伝え、広告代理店や営業部はそのグループの顧客に有効となるメディアを選び、彼らがこぞって買ってくれるようなメッセージを配信するのだ。

以下は、セグメント・シンキングとプランニングでの、その他注意すべき点である。

- 顧客グループは１つに限定する必要はなく、多数のセグメントでもよい。ただし、各セグメントに対し、製品、価格、場所（流通経路の選択）、販促を詳細に計画しなければならない。たとえば、マクドナルドは、母子、10代、高齢者、さまざまな民族などに対して、それぞれに対応したマーケティングプランを立てている。
- 時とともに各セグメントの大きさや欲求は変化する。よって、企業は各セグメントに対して常に新たなアプローチを考えなければならない。嗜好の変化や経済的な理由で数が減るセグメントもあるだろう。安いブランドに心変わりするものもあるだろう。この場合、企業としては、ファースト・ブランドの価格を下げるよりも、廉価版のセカンド・ブランドをつくったほうがよい。アパレルメーカーのギャップ（ＧＡＰ）では、安いブランドに顧客を奪われていた。そこで、廉価版を扱うギャップ・ウエアハウス（GAP Warehouse）をつくり、後にその店舗名をオールド・ネイビー（Old Navy）と替えた。それは、今日ではアメリカとカナダで１０００店舗以上にもなっている。

- 企業は、各セグメントの収益性を測定する必要がある。企業は収益性が低いセグメントから、急成長、高収益のセグメントに切り替えていきたいと考えるだろう。それには、新たなセグメントに参入しそこで繁栄するための、新たな４Ｐが必要となる。ヒューレット・パッカードは、成長の遅いＰＣのセグメントを売却し、アップルが始めた急成長のタブレット分野に焦点を変更する可能性があるとした。タブレット市場での最初の事業は結果的には上手くいかなかったが、きっと再挑戦するだろう。
- 各セグメントの収益性や収益率を認識するほかに、そのセグメント内の各顧客別の収益性を見積ることもメリットになる。購入額が少ない、またはコストがかかりすぎるなど、損失が発生する顧客については情報が入ってくる傾向にあるため、上記のような分け方で客をグレード付けする企業は多い。これに関して、予測分析会社のイー・ビューロー（EBureau）では、各顧客の購買力を0から99のスコアでグレード付けすることが可能である。購買力では、顧客の職業、家屋の価値、給料、支出パターンが考慮される。同社の顧客は、このＥスコアを購入し、どの「リード（leads）」[14]に対してアプローチすべきかを決める。企業は、このスコアが高い顧客に対してアプローチし、スコアの低い顧客に対しては時間と予算を無駄にしないようにするのだ。

- 顧客収益性は、現時点の価値でしかないことを忘れてはいけない。それゆえ、顧客のライフタイム・バリューの見積りを行ったほうがいい。これは顧客によって異なる。顧客が何年間自社の得意先であってくれるのか、どれだけ購入してくれるのか、また毎年の収益などの予測が必要となる。企業は、これらの顧客から将来的に得られる収益を現在価値で見積る。企業は、ライフタイム・バリューの高い顧客に対して、上手く販売したいと望むのだ。
- セグメントは、似たようなタイプの顧客で構成される一方、さまざまなタイプの顧客を引き付ける製品もある。たとえば、バイクメーカーのハーレー・ダビッドソン（Harley Davidson）には、さまざまな顧客がついている。「タフガイ」タイプ、プロフェッショナルタイプ（弁護士、医師）、女性やその他いろいろな顧客が同社の製品を愛している。アップルにも、熱狂的ファンがいるが、彼らは、アップル製品が好きだという以外では、共通項が少ない。不景気下では、さまざまなタイプの顧客を持つ会社は、どこにターゲットを置くか、また経費がかかりすぎる場合、どのタイプを削除するのかを査定しなければ

■訳者注

14　一番スコアの高い顧客のこと。

ならない。

現在の製品・サービスを再評価する　大半の製品、サービス、ブランドは、ライフ・サイクルを持っている。ある時期に発売され、需要と合致すれば人気となり、成熟という安定期に入り、やがてそれは衰退する。各時期の期間はさまざまで、企業や市場が、その製品に第二の人生を与えることもある。たとえば、「ナイロン」にはさまざまな人生があった。パラシュート、女性用靴下、船の帆、衣類、ゴムタイヤとして使用された。しかし、多くのナイロン製品は古くなり、すたれて新しいものに取って代わられた。また、企業ブランド名は、製品ブランドより寿命が長い場合が多い。機械メーカーのキャタピラー（Caterpillar[15]）や自動車メーカーのメルセデス（Mercedes）では、多くの製品や製品ブランドは消滅したが、企業ブランド名は残っている例である。

どの企業においても、現在のプロダクト・ミックスは、昔の稼ぎ頭、現在の花形、そして将来の期待の星で構成されている。企業は、支援を増やすべきか減らすべきか、または撤退すべきかどうかを決めるため、製品の検討・評価をするシステムを作らなければならない。フィリップ・コトラーは、「ハーバード・ビジネス・レビュー」の論文「魅力に欠ける製品の段階的撤退（Phasing Out Weak Products）」で、このようなシステムを提案している[原注4]。

経済の停滞期では、あらゆる企業は、自社製品の現在と将来的な立ち位置を真剣に考えなければならない。多くの製品ラインをもつナイキ（NIKE）を考えてみよう。ファッションの変化、または価格の問題で急に減速するラインもある。その場合、製品は縮小しなければならない。深刻な場合は、リストから外される。

製品中心の話をしてきたが、サービスも重要だ。景気がいいときは、払い戻し、修理、挨拶状、メンバー用のイベントなどのサービスが可能だ。しかし、景気が良くない時には、どのサービスが顧客にとって大切で、どれがカットできるか再考しなければならない。無料だったサービスを止めて、有料オプションにする必要が出てくるかもしれない。

プロモーション・ミックスを再評価する　景気が良い時期、企業は、広告やその他の宣伝費をいとわない。ライバル会社も同様に行っているし、一定水準は保っておきたいと思うからだ。宣伝の多くは、簡単に計算できるマーケティング投資回収率（Return On Marketing Investment：ROMI）による評価よりも、むしろ信頼や保険的行為だという認識があった。しかし経

■訳者注

15　アメリカに本拠地を置く企業で建築および鉱業機械、タービンなど、幅広い範囲の建設機械の製造を行っている。

済が後退し始めると、企業はプロモーションを高額なものから低額なものへとシフトさせ始めるだろう。企業にとっては、上がると推測される収益額よりも、実際に節約できた金額を見るほうが気が楽だからだ。

マーケティング部の社員は、現在の予算を守るのに必死になるだろう。中には、今はマーケティング費を増大させる時期だと論じる者もあるかもしれない。ライバル会社が一様にマーケティング費用を削減した場合は特に、だ。通常時には、企業が市場シェアを伸ばすことはほとんどない。しかし、景気後退時には、強い企業にとっては、シェア拡大はたやすいだろう。しかし、多くの会社では、マーケティングでは短期的に顧客を購入に向かわせることはできないという推測のもと、マーケティング費を削減するほうが好まれる。

景気後退時、企業は予算の規模だけではなく、プロモーション・ミックスの内容も再考が必要である。売り出し広告を出すときは特にだが、テレビ・コマーシャルからラジオ、新聞に媒体を替える企業もある。多くの会社がソーシャル・メディアの経費を増やし、また広報やイベント費用を増やすところもある。価格に敏感な客を手離さないでおくための値下げ目的で、ディスカウント、リベート、2つで1つ分の値段[16]などのセールス・プロモーションの強化に多大な努力が費やされている。しかし、これが過ぎると、他よりいい、他とは違うというイメージが悪化するということも認識しなければならない。

企業から一般消費者（B2C）に対する不景気時のマーケティング・ミックス対応策を述べてきたが、多くは企業間取引（B2B）にも当てはまる。これらの会社には顧客の数が少なく、非常に特化されているからだ。各セグメント、個々の顧客、製品ミックス、流通ミックス、宣伝広告ミックスを評価しなければならない。各顧客は価格交渉、（ガラケーのような）シンプルなデバイス、廉価版モデル、プロモーションへのサポートを要求するだろう。基本的に、長期的にみて、どの顧客、セグメント、製品ラインを残しておくか決断しなければならない。

マーケット・シェア：勝つための戦略

ここまでは、企業が、一般的に、また特に景気後退時では、いかに贅肉をそぎ落としていけるかについてみてきた。ここからは、企業が競合他社からシェアを奪うために、いかに徹底ができるのか、についてみていこう。今日、企業が直面している問題は、魚が十分いないのに、漁師は多すぎる、ということである。食うか食われるか、またはグレゴリー・ローリンス

訳者注

16　Buy two, one free. と呼ばれることが多い。2個買うと1個は無料という意味なので、実質半額で商品を買うことができる。

（Gregory Rawlins）氏の言葉によれば、「あなたが蒸気ローラーでないのならば、あなたは（それに敷かれる）道路のほうだ。」という事態だ。

最初の仕事は、競合他社の確認だ。中国の古代哲学者・孫武（孫子）によれば「捜索に時間をかけることは無駄にはならない」。あなたの会社とほぼ同様のマーケティング・ミックスで、あなたの会社のシェアを狙う競合他社をよく観察してみよう。競合他社のマーケティング予算があなたの会社よりはるかに上回るならば、他のマーケットを探すことを考えたほうがいいかもしれないが、逆にあなたの会社よりはるかに少なければ、潰しにかかるのもいいかもしれない。エリザベス・アーデン（Elizabeth Arden[17]）は、エスティ・ローダー（Estée Lauder[18]）やロレアル（L'Oréal[19]）のような競合他社と対抗できなかった。

企業は、どの会社が顧客に対しいい仕事をしていないか、でこれを判断しがちだ。これは能力がないせいかもしれないが、実際には競合他社が一層多くの投資をしているから一番目立つようにみえないだけなのかもしれない。これはこの種のライバル会社が狙いやすいターゲットだ。というのも、こういった会社はひどい状態にあるため、親会社はここのシェアからの撤退を決めるかもしれないからだ。ただし、このマーケット・シェアがこの会社のすべてであった場合は、こういったことは起こりにくいだろう。ブラックベリー（Blackberry）をつくっている携帯電話メーカーのＲＩＭ社は、携帯電話が主力製品のために、最後まで戦う様子をみせている。

企業には、常にシェアを勝ち取っているライバル会社があるだろう。良きライバルはありがたいものだ。それは、彼らから学べるものがあるからであって、その後に続くためではない。あなたの会社としては、何がその会社を動かせているのか、マーケティングのやり手は誰なのか、その人をヘッドハントすることはできないかを知りたいはずだ。

事業のすべてを1位か2位にできる会社には、商売敵がいることはよくある。ジャック・ウエルチ（Jack Welch）がGEのトップだった時のコメントをみてみよう。

> 市場占有率1位か2位の会社だけが、この競争が加速する世界で勝ち抜くことができる。できなかった会社は、修正、閉鎖、売却されることになる。

ここからの教訓としては、そんなライバルの後に続くな、ということである。そのような強

■訳者注

17 アメリカの化粧品会社、ブランド。アメリカ・ヨーロッパ・日本を始め全世界で販売されている。

18 アメリカに本社を置く、化粧品、ヘアケア、香水の世界的な製造販売会社。傘下に多くの化粧品会社やファッション関連企業をもつ。

19 フランスに本拠地を置く、世界最大の化粧品会社。傘下に多くの企業をもつ。

い会社は、シェア喪失を黙って見逃したりしないので、あなたの会社は強い2番手であることを受け入れなければならない状況となる。これはまさに長い間、フォード（Ford）のＧＭ社に対する立ち位置だった。そのため、フォードは乗用車市場ではなく、ピックアップ・トラックのニッチ市場を見つけなければならなかった。

第2に、忘れてならない点は、現在の競合他社に執着し過ぎると、新興の競合他社に気づかなくなる、ということだ。たとえば、自動車メーカーは、ヒュンダイ（現代）自動車[20]に用心するべきだ。

ヒュンダイは米国と欧州市場での自動車販売で、最も急成長している会社である。トヨタと日産が技術競争で大混乱している中、ヒュンダイは市場シェアを奪い始めた。かつてレクサス（Lexus）がメルセデス・ベンツを攻撃したときのように品質の良い車を競合他社の同クラスの車より安い値段設定で販売した。ヒュンダイは、前代未聞の10年間保証やエンジンとトランスミッションに10万キロの保証をつけた。また２０１０年には不景気の中、購入者が車を購入した翌年に失業した場合は、理由もクレジット・チェックもなく、車を買い戻すことを保証した。

すべての企業は、さらによい条件を提示して競合他社に勝つための努力をすべきである。ライバルより早く学び、変革する能力があることが、勝ち続けるための唯一の武器なのかもしれない。

そして何よりも注意しなければいけないことは、新たな技術だけではなく、顧客に何が起こっているか、である。顧客は変化し続ける。顧客よりもライバル会社に気を取られている企業が多すぎる。ライバルを打ち負かすことか、顧客に対して素晴らしい仕事をするかの二者択一を迫られたなら、間違いなく後者を選ぶべきだ。以下にその例を述べる。

航空会社ジェット・ブルー（Jet Blue[21]）は顧客に目を向け続けることで素晴らしい業績を上げてきた。もちろん、景気の大停滞時には、他社と同様にジェット・ブルー社の業績も急に減少した。２００９年には収入はさらに5％減少した。しかし、２０１２年には18・87％も上昇した。それは大幅値下げの実施と、顧客に新たな経験を提供したことによるV字回復だった。ジェット・ブルーでは、リクライニングしない座席のみを機体に取り付けることで、40席も座席を増やし、ライバルよりも30％も安い超低価格を提供した。また追加料金制も始めた。水は3ドルで販売し、頭上荷物入れの使用にも追加料金を課金し、電話による予約は10ドルの課金

■訳者注

20 韓国の自動車企業。

21 アメリカの格安航空会社（LCC）。

をした。これらの取り組みによって1機当たり40％以上の収益アップを実現した。しかも一機当たり85～90％の稼働率となった。同社は、予算に限りがある顧客に、より魅力的な航空経験を提供することで、低成長経済下でも素晴らしい収益を上げている。

結論

企業の成長を妨げる元凶はたくさんある。停滞する経済、新たなライバルの出現、顧客の好みの変化、自社ブランドの魅力の低下など数えきれない。今こそ、自社のミッション（使命）、ビジョン（将来像）、バリュー（価値）、そして提供するもの（offerings）は何なのかを真剣に検討すべき時で、景気のいい時代についた贅肉をそぎ落とす必要がある。ＳＷＯＴ分析で自社の主な強み、弱み、機会、脅威を再評価し財務、マーケティングの弱みを解決しなければならない。両方とも欠如しているのなら撤退もいいだろう。ＳＷＯＴ分析の結果で希望が持てたとすれば、自社のマーケティング・ミックスとプロフィールを再精査しなければならない。ターゲットとする市場をもっと正確に定義し、顧客の新規取り込みが見込める競合他社を見定める必要がある。成長には、新たなユーザー開拓や製品使用法の発掘だけではなく、競合他社が抱える顧客に対して、自社のほうが良い結果を出せることを示す必要があるのだ。

質問

1　あなたの会社の成長戦略をどのように描くか？　顧客の詳細情報に基づいたものか、競合他社からのシェア獲得によるものか？

2　あなたの会社の防衛対策はどうなっているか？　競合他社情報分析はどうなっているか？　早期警戒システムを実践しているか？　シナリオ・プランニングのセッションに参加したことはあるか？　もしそうならば、それは有用だったか？

3　製品、セグメント、チャネル、各顧客ごとの収益性を把握しているか？　もしできてないならば、経費経理担当者がそのシステムを開発できない原因は何か？

4　景気の二番底に陥った時には何を削るか決まっているか？

5　自社製品を過去の人気商品、現在の人気商品、将来の人気商品に分類したことはあるか？　これらさまざまな製品別に自社の資金を再配分したほうが良いか？

6　マーケティング投資効果率を示すことにより、マーケティング予算をどのくらい正当化できるか？　あるいは、予算請求を正当化するにはどんな議論を展開するか？

7　次期マーケット・シェアの目標をどう設定し、そのマーケット・シェア獲得の場をどう定義するか？

第2章

コミッテッド・カスタマーやコミッテッド・ステークホルダーを増やして成長する

我が社の来訪者の中で最も大切な人はお客様です。

お客様が、我が社を必要としているのではなく、我が社がお客様を必要としているのです。

お客様は部外者ではありません。我が社の一部です。

我が社がお客様の願いをきいているのではありません。我が社が、お客様から機会を与えられ、願いをご提供させて頂いているのです。

L・L・ビーン・ストア（L.L. Bean Store[1]）、メイン州

前章の最後で競合他社よりも顧客のことについて考えるほうが大事だと述べた。結局、勝者を決めるのは、競合他社ではなく顧客だからだ。われわれは、モノとサービスにあふれる世界に住んでいる。ほぼすべてのものが供給過剰である。クルマの購入者は数えきれない品種やブランドから選ぶことができる。携帯電話の購入者もしかり。新しい工場の建設主も鉄やセメントの購入先を多くの会社から選ぶことができる。モノが不足している経済ではないのだ。むしろ過剰なのだ。唯一足らないもの、それが顧客だ。よって、われわれの苦闘の中心は顧客なのだ。われわれはいかにして顧客獲得競争に勝ち、自社の顧客にとどめておくことができるだろうか？

一度顧客を失ってから、新たな顧客を創造するのは大変なことだから、顧客維持のためには最大限の努力をしなければならない。ＧＭを研究していた際、顧客満足度に関する第一人者、タープ（ＴＡＲＰ）[2]のジョン・グッドマン（John Goodman）は、ＧＭでは、新規の顧客開拓には既存顧客の維持の5倍以上の経費がかかることを発見した[原注1]。企業間取引（Ｂ２Ｂ）の場

訳者注

1　アメリカメイン州に本拠地を置くアウトドアメーカー。店舗での購入もできるが、通信販売で名を成した。

2　アメリカの老舗のマーケティングリサーチ会社。同社のグッドマンはグッドマン理論などで有名。

合は、概算では20倍から50倍にもなる。だから、われわれは、顧客が満足した結果として、また自社で購入してくれるようにしなければならないのである。しかし、満足するだけでは、もっといい条件が出てきた場合にも離れていかないという保証にはならない。企業は、顧客を本当に喜ばせ、その会社のファンにして、他人にもその製品やサービスがいかに素晴らしいかを語ってくれるようにしたいはずだ。しかし、どうやって？

以下に新たな現実を述べよう。客に影響を与えるのは企業だけではないのである。会社の従業員、サプライヤー、配送業者、小売店、代理店、それに口コミなどが影響してくるのだ。では、どのようにしたら、これらの関係者に正しく仕事をしてもらえるだろうか？

「コミッテッド・カスタマー（献身的顧客）」を通しての成長の途を検討するにあたり、以下の質問をしよう。

1　どの顧客のどのニーズを満足させたいか？
2　顧客が忠誠心を示してくれるようになるかもしれないのは、どの段階か？
3　顧客満足度における従業員の影響をどのように改善していけるか？
4　他のステークホルダーの言動をいかに改善していけるか？

それぞれについて詳しくみていこう。

どの顧客の、どのニーズを満足させたいか？

すべての人が顧客となる可能性があるとみて、マス・マーケットを追う企業もある。たとえば、コカ・コーラ（Coca Cola）は、誰もがコーラをさわやかに感じると思っているし、ディズニー（Disney）は誰もがディズニーランドに行きたいと感じると思っている。それでも、コーラを嫌いな人もディズニーランドに行きたくない人もいる。しかし、これらのマーケットは、幸運なことに、このような人たちを排除しても十分に巨大である。

マス・マーケットの反対は、マイクロ・マーケットである。皆がそれぞれ違うものを欲しがるマイクロ・マーケット・セグメントは、何百万とある。かなり変わった特別なマイクロ・マーケットを図表２－１に示そう。有名な世論調査会社ペン、ショーエン・アンド・バーランド・アソシエイツ（Penn, Schoen and Berland Associates）社長、マーク・ペン（Mark Penn）はニッチ・マーケットをターゲットにできるマイクロ・グループを見つけるのが大変上手い。図表２－１は、ペンが見つけたマイクロ・グループの長いリストの一部である。

これらのマイクロ・グループのすべてが潜在的マーケットである。左利きの人のためにさまざまな製品をつくろうと決める会社もあるだろう。ベトナム人企業家に注目する投資ファンド

〔図表2－1　76のマイクロ・グループのリストから抜粋した14グループのサンプル〕

仕事を持っている定年退職者
自宅勤労者
異人種で構成されている家族
プロテスタントのヒスパニック
太陽を嫌う人
左利きの人
最新の同性愛者
キリスト教徒のシオン主義者
若い編み物愛好者
完全菜食主義の子供
若い刺青をした人
アーチェリーをする母親
ベトナム人企業家
手術を好む人

出典：マーク・J・ペン＆E．ケニー・ザレスン著『マイクロトレンド：未来の大変化に隠れた小さな力』[原注2]日本放送出版協会、2008年

もあるかもしれない。自分たちに注目してくれるマーケターを歓迎するグループも数多くあるかもしれない。

しかし、多くの場合、企業は大きなマーケットに集中するのに慣れてしまっており、これら成長するマイクロ・ポケット[3]を見逃してしまう。高成長マーケットで「減速しているポケット」が数多くあるように、「低成長経済」下で成長するポケットも沢山ある。だからといって、新事業開拓を求めているアメリカの石鹸会社は、インドは人口が多く、成長率が高いというだけで、インドに出向くべきではない。というのは、インドの石鹸マーケットは、既存の競合他社が牛耳っているからである。その競合他社が対応しきれていないニーズや、インドの中でもその競合他社が比較的手薄になっている地域を狙うのがミソである。たとえば、アメリカのバート・ビーズ（Burt's Bees）は、特徴のある低価格のコスメショップで、石鹸も扱っているが、自然志向のオーガニック製

品愛好者のニッチ市場で広く受け入れられている。このようにグローバルなマクロ市場ではなく、ローカルでマイクロな市場に参入することで多くの企業が貴重なチャンスをつかんでいる。企業は分散し、ローカライズ（現地化）する必要がある。これらの企業は、新たに成長する機会を見つけ出し、より迅速にそれを開拓しているようである。以下は、顧客のフォローをうまく実践している会社の良い例である。

　コネチカット州グリーンウイッチとウエストポートを基盤とした衣類小売業のミッチェルズ（Mitchells）は、高級志向の男性客・女性客をもつ百万ドル規模の家族経営の会社である。同社のIBM‐AS32システムのデータベースでは（サイズ、スタイル、購入品のSKU（stock keeping unit：最小在庫管理単位）、価格までも含めた）約15万人の顧客それぞれのパーソナルデータや好みをみることができる。チェアマン兼CEOのジャック・ミッチェルズ（Jack Mitchells）は、ワンタッチで閲覧できる1000人の上得意の情報を個人的に保管している。同氏お得意の比喩でいえば、ミッチェルズの成功の秘訣は、顧客を「ハグ（抱きしめ

■訳者注

3　小銭の入ったポケットを表現しているが、意味としては有効需要のある市場である。そのポケットは数でいえば膨大になるので、十分に儲けを出す市場を形成することができると考えている。

る）する」ことだ。
そして情報のフィードバックは、従業員の目標到達に不可欠だ。毎朝、販売担当者は、メールボックスをチェックして、メールにある前日の全販売情報について再確認する。販売から約２週間後、データベースから顧客の満足度レポートを印刷し、販売スタッフはそれに基づいて顧客に電話し、同社での買い物の感想などについて質問する。プロフィール・レポートは毎日作成され、顧客数を算定し、販売員はプロフィール・レポートをアップデートし、また同時に販売員から情報を得るためにも使用される。このレポートは、ミッチェルズにとって販売員の業績評価のマネジメント・ツールにもなっている。

ミッチェルズにはほぼ２００名の従業員がおり、ジャック・ミッチェル氏は、頻繁にミーティングやパーティーを開き、従業員の家族に季節の挨拶状を送るなどして、彼らにきめ細やかなサービス哲学を示している。また同社は、次の２つの条件にあてはまる顧客には個人的に電話をかけている。１つは一度の来店で１０００ドル以上購入する顧客、２つめは、新規の顧客である。新規顧客は、今後の得意客を新規に連れて来る可能性があるので、放っておくわけにはいかないのである。「ハグ」して、次のお買い物をお待ちしなければならない[原注3]。

マーケティングの成功のカギは、自社が求める顧客のタイプを理解することだ。目標とする顧客の定義を間違えると、バリュー・プロポジション（*value proposition*）[4]の定義ができなくなる。製品が「良い」、「優秀」、「上等」と言うだけでは不十分なのである。厳密に、どれほどその製品は「良い」のだろうか？　たとえば、あなたの会社が壁時計を販売しているとしよう。それは時間が正確で、30フィートの距離からも読め、アラーム付きで、暗闇で光る、ということが言いたいのか？　これらの機能は、それぞれ違うニーズをもった顧客に対するセールスポイントとなるので、自社がターゲットとする顧客とそのニーズの定義に役立つこととなる。

顧客分類はマーケット・セグメンテーション（市場細分化）を応用して行われる。マーケット・セグメントは、似たような特質、ニーズ、ウォンツを持った個々人で成り立っており、年齢、年収、ライフスタイルに応じて分類する。特定の年齢、性別群、たとえば10代男性であれば、このグループをさらに、たとえば「ヤング・メトロセクシャル」、「テクノ・サピエンス」、「レッド・ブラッド・ボーイズ」、「チューンド・インワード」やその他のグループに分類できる。ブルージーンズや腕時計のメーカーならば、製品の値段、場所、プロモーションを、ター

■訳者注

4　直訳すると、提案する価値。顧客がその製品からどのような価値を受け取っているか自分自身気づいていて、表現できるような価値になっているか。それが企業側で定義されているかどうか、ということを問う概念。

ゲットとして選んだ各グループに合わせなければならない原注4。

成長するマイクロ・ポケットは常にある。不景気下でも急成長する1ドルショップを考えてみよう。あるいは不景気の米国で売り上げを伸ばした韓国の自動車メーカー、キアやヒュンダイの例もある。環境意識が経済力を示すステータスとなり、ＧＭのキャデラックではなくトヨタのプリウスなど燃費の良い小型車の購入を決める人が出てきた。一般論として、どんな経済でも下り坂の事業もあれば、昇り調子の事業もあるのだ。

マーケット・セグメンテーションには色々な方法がある。賢明で想像力のあるマーケターはさまざまな分類をし、新たな可能性を見出すことが可能だ。たとえば、犬の大きさや年齢ではなく、飼い主の犬に対する姿勢からドッグフード市場を分類してみてはどうだろう。愛犬をまるで保護が必要な幼児のようにして最高の餌を、また時には芸を覚えたご褒美としておやつを与える飼い主がいる。犬を一緒にいてくれる仲間と考えて、良い餌を与える飼い主もいる。犬を厄介者扱いし、最低価格の餌しか与えない飼い主もいる。これらのセグメンテーションは、ドッグフード・メーカーに新しいアイデアを与えるだろう。たとえば、愛犬家は、おそらく小麦グルテン、豆、牛肉、乳製品抜き、皮膚・毛つやに良いオイル入り、食品アレルギーのある犬向けの低アレルギー製法をうたう画期的なブランドを与えるだろう。

今日、企業が行うべき重要事項は、新たな消費者の洞察（インサイト）、できれば現状を変えるようなインサイトを深掘りすることである。未開拓のマーケット・ニッチ（多くは、非常に特定されたニーズをもった、少人数の顧客の一群）探索にマイクロ・セグメンテーションを応用すべきだ。このようなニッチ市場で収益を上げられるとみなせる企業は1、2社しかないだろう。たとえば、大きな町でも熱帯魚の水槽がある家庭やレストランは数百軒しかないだろう。水槽の持ち主は、熱帯魚用の特別な餌を必要とする。こういった餌のメーカーは1社しかない。世界中の熱帯魚用水槽の持ち主の間で有名なのは、ドイツのテトラ（Tetra）である。テトラは高品質熱帯魚用餌のメーカーで世界市場を牛耳っている。このようなニッチ市場が何千とある。成長中のものも、衰退中のものも、消滅寸前のものもある。「ニッチにはリッチがいる」という諺もあるようにニッチ市場を考えることで増益が期待できる。これは、ニッチ市場の企業が、顧客が金に糸目をつけないからといって、彼らを食いものにしてよいという意味ではない。むしろ、ニッチ市場企業は、自分たちが特殊な顧客に支えられているという認識があるので、その顧客を非常に大切にする傾向がある。

ニッチ企業にとって重要なのは、1つの市場が消滅した時を考慮して2、3の市場でリーダーになるのが安全だということである。自動車が4本のタイヤを必要とするように、企業は、市場の1つが消滅した時のことを考えて予備を用意するのだ。

ハーマン・サイモン（Herman Simon）の名著『グローバルビジネスの隠れたチャンピオン

企業（Hidden Champions）』では、多くの優れたニッチ企業が描かれている[原注5]。そこに示されている多くの企業は、ほとんどが知られていないが、ニッチ市場では世界的シェアを占めている（図表２－２参照）。サイモンは、これらの多くの企業とその戦略を紹介しており、この書はアイデアの宝庫である。

実業家の多くは、特にデジタル産業などの新産業に最高のチャンスがあると考えている。しかし、古い産業を見落とす失敗もしたくない。鉄鋼業は古く、多くの総合鉄鋼業社が苦戦する中、ヌーコア（Nucor[5]）などのミニ・ミル（電炉）は、業界に新しい息吹を吹き込んだ。

エチオピアで発祥し、トルコ、ヨーロッパへと移った９００年の歴史を持つコーヒー産業の例を考えてみよう。われわれは、スーパーやレストランで缶入りのコーヒーを買うが、24年前、巨額の売上げを生みだすコーヒー・ビジネスが誕生した。それはスターバックス（Starbucks）だ。スターバックスはハワード・シュルツ（Howard Schultz）が１９８８年、同社のマーケティング・モットーである世界中に「豊かなコーヒー体験を」という新たなビジョンを打ち出して始まった。

同様に、１４００年代半ば、グーテンベルクが新たな印刷技術を発明して以来、書店はわれわれのそばにあった。その誕生以来６００年間、本屋はかなり小規模で、本棚や書籍でいっぱいだったが、それだけの商売だった。コーヒーを出す店も少しはあったかもしれない。しかし、

〔図表２－２　世界市場70％以上の隠れたチャンピオン〕

企業名	主な製品	世界市場シェア
ドクター・シューラック（Dr. Suwelack）	コラーゲン	100%
スカイ・セイル（SkySails）	風力推進用帆	100%
ゲリーツ（Gerriets）	劇場用緞帳、舞台装置用品	100%
アルバックLCD（Ulvac LCD）	パネルコーティング	96%
G.W. バース（G. W. Barth）	ココア加工システム	90%
ＣＫＤ－ゲブル・カッフェラス（CKD-Gebr. Kufferath）	金属繊維	90%
キロー・ライプツィッヒ（Kirow Leipzig）	鉄道用クレーン	85%
オルキ・テクニク（Alki-Technik）	特殊スクリューシステム	80%
ディロ（Delo）	電子カードチップモジュール用固定具	80%
ニッシャ（Nissha）	小型タッチパネル	80%
シュー・ボ・バイオテック（ScheBoBiotech）	体外診断用バイオテクノロジー	80%
ケルン・リーベルス（Kern-Liebers）	安全ベルト用スプリング	80%
ベッカリー（Weckerie）	口紅用機器	80%
テクスパ（TEXPA）	家庭用繊維加工機器	75%
アッシェンバッハ・ブッシュハッテン（Achenbach Buschhutten）	アルミニウム圧延機、圧延機濾過システム	70%
カール・マイヤー（Karl Mayer）	繊維機械	70%
オミクロン（Omicron）	プローブ顕微鏡	70%
テントレ・ローレン（Tentre Rollen）	病院用キャスターベッド	70%
ヴィートジェン（Wirtgen）	道路舗装用機械	70%

出典：Hermann Simon, *Hidden Champions of the 21st Century*, Springer Bonn-Germany, 2009, P.73（ハーマン・サイモン『グローバルビジネスの隠れたチャンピオン企業』、上田隆穂（監訳）、渡部典子（訳）、中央経済社、2012年）

1971年にレオナルド・リッジオ（Leonard Riggio）氏がニューヨークのバーンズ・アンド・ノーブル（Barnes and Noble）書店を買収し、書籍のディスカウントを始めるまで、革新的サービスはなかった。リッジオはさらに、書店を、ただ本を買うだけの場所から、人々が集い、コーヒーと菓子を楽しみ、本に関する講演なども聴ける場所として提供した。

玩具メーカーは、何百年間も幼い少女向けに赤ちゃん人形を製造してきた。それらのうちには収集用になるものもでてきた。しかしマテル（Matel）がバービー人形を発表するや、それは最高の売上商品となった。バービーは従来の人形とは違い、魅力的な若い女性の人形で、世界中でさまざまな服を着たものが販売され、世界中の少女が収集する玩具となった。

ピザは、家庭でもレストランでも何百年間も愛されてきた。そこに1960年代ドミノピザ（Domino Pizza）が出現した。できたてピザを顧客宅まで30分以内に配達する、それができなければ無料になるという新たなサービスだ。トム・モナガン（Tom Monaghan）と彼の仲間は、既に成長しきっていた業界に新風を巻き起こす功績を残した。

郵便サービスも多くの国で何百年間も行われてきた。人々は、手紙が2、3日、あるいは1週間ほどで到着するものとして利用してきた。フレッド・スミス（Fred Smith）が1973年4月、フェデラル・エクスプレス（Federal Express）を興すまでは、一晩で郵便が届くと思う者はなかった。スミスはエール大学の学生時代にこのアイデアを思いついたが、教授は実現不可能だと考えた。スミスはテネシー州メンフィスにあるハブ・センター[6]に毎晩郵便物を集め、そこで各地に翌朝10時30分までに配達できるように分類することを思いついた。Ｆｅｄｅｘは、郵便物の配送時間に関するわれわれの認識を覆したのである。

これらは、１９６０年セオドア・レビット（Theodore Levitt）の「ハーバード・ビジネス・レビュー」掲載の成熟産業に関する有名な論文から回想したものである[原注6]。レビットは、多くの経営者が、業界が「成熟」してしまい、これ以上の成長が望めないとぼやくのを聞いた。彼は、市場が成熟しているというのは言い訳で、マーケティングの想像力の欠如を示すものだと述べている。

われわれからのメッセージは、成熟市場は、新たな潜在的アイデア探究のための、再評価の価値があるということだ。

■訳者注

5　アメリカの電炉鉄鋼メーカー。

6　ハブ（Hub）は、自転車のスポークの中心の意味。スポーク１本１本が物流路線で、メンフィスに集まってくることを表現している。

顧客が自社から離れてしまう段階とは？

顧客は、初めて製品・サービスを購入する場合、一定の期待感を持っている。この期待感を満足させる、また期待感以上のものを提供すれば、顧客はまた同じ会社から購入する。企業側は顧客が次のようなステージをたどってくれることを期待するかもしれない。

満足顧客 ⇓ ファン（コミッテッド・カスタマー）⇓ 擁護者（アドボケーター）⇓
共同開発者（コ・クリエーター）⇓ カスタマー・オーナー（オーナーになった顧客）

企業は、自社製品に「満足した顧客」について自慢するようなことは避けるのが賢明だ。キャデラック（Cadeillac[7]）は、メルセデスやBMWが出現してきた時、高い「顧客満足度」があったにもかかわらず、市場シェアの多くを失った。ここで重要な教訓が得られる。すなわち、企業は顧客を満足させる以上のことをしなければならないのだ。

満足した顧客は、期待を大幅に上回る満足感を得られたら、その企業のファン（コミッテッド・カスタマー）になるだろう。目的は、常に顧客を喜ばせることだ。そのためには、競合他社よりもずっと優れた製品を提供しなければならないし、従業員は、顧客の要望に対して即座に、そして配慮を持って対応しなければならない。企業は返品処理、製品に関する提案に柔軟に対応しなければならない。

熱烈なファンがいることで有名な企業もある。アップル・ストアに入店するやいなや、新製品を試そうとやってくる熱烈なアップル・ファンの一群がいる。または、ハーレー・ダビッドソンのオートバイのオーナーに、その製品について聞いてみるとよい。あるいは、ＵＳＡＡ[8]の金融、保険に入っている軍関係者に、その満足度を聞いてみるとよい。またエンタープライズ・レンタカー（Enterprise-Rent-a-Car[9]）の顧客に、同社のサービスの感想を聞いてみたらわかるだろう。

自社の今後のサービスについて質問するべき相手は、自社のファンである。まだ自社の顧客ではない人たちのことはわからないが、既にファンの情報は、自社にもうあるのだから。他にどんなことが提供できるか、自社が対応できるニーズは他にどんなものがあるか、を訊ねるのだ。この質問に対して適切に回答された例を以下に挙げよう。

■訳者注

7　ＧＭ（ゼネラル・モーターズ）が展開している高級車ブランド。

8　テキサスに拠点を置く、米軍・軍属のための総合金融機関。健康・自動車・学資などの各種保険、バンキング、家の保険信託などの投資にも定評がある。

9　アメリカ・ミズーリ州クレイトンに本拠地を置く格安のレンタカー会社。

ユークリッド（Euclid）は、クリーブランド地域で、4代続く家族経営のクリーニング店で、顧客1人1人に丁寧な対応をすることで有名だった。衰退するクリーブランドの市場で、優秀なスタッフをつなぎとめておくために、同社は従来のクリーニング業に加えて、ビルや学校の清掃管理業、工業用クリーニング、カーペット・クリーニング、壁クリーニング、床クリーニング、吸音天井クリーニング、建設現場クリーニング、ダクト・クリーニング、出入り口用マットレンタルおよび販売など、客から依頼のあったほぼすべてに対応した。顧客は、拡張中の新しい町にサービスセンターを設置するよう同社に依頼した。GEは、ユークリッド・産業用メンテナンス（Euclid Industrial Maintenance）のスタッフを、アナハイム、アトランタ、セントルイス、ニューオリンズ、タンパ、モービルで採用した。ユークリッドはその柔軟性と顧客ニーズ対応で建設現場清掃、厨房清掃、換気扇ダクト清掃保守、それに設立当初からの事業である窓清掃と学校・事務所の清掃管理までとさまざまな分野での専門化を目指すことになった[原注7]。

ある企業のファンになった顧客は、すぐにではなくても、将来的にその企業のアドボケーターになる可能性が高い。しかし、ここで問うべきは、「あなたは、当社を友人や知人に紹介したいと思うか？」である。この質問は、2003年12月の「ハーバード・ビジネス・レビュー」掲載の論文「成長に必要な番号（One Number You Need to Grow）[原注8]」で著者フレデリック・ライクヘルド（Frederick Reichheld）氏が提案したものだ。同氏によると、企業は上記の質問に対する顧客の回答に1から10までのスコアをつける。顧客があなたの会社をよく推奨してくれていれば10、時々なら9、友人知人に勧めても良いと感じているのなら8、という具合にスコアを付けていき、あなたの会社の製品が嫌いで、友人、知人にあなたの会社の製品を避けるように勧めるという回答が1になるようにする。ネット・プロモーション・スコアと呼ばれるスコアは、まず8、9、10のスコアのパーセンテージを出し、それから、1から6のスコアのパーセンテージを差し引く。プロモーション・スコアが高ければ、ポジティブな口コミが期待でき、企業の収益性も上がるとされる。

アドボケーターは、コ・クリエイター（共同開発者）にもなる可能性がある。これは、その企業の製品、サービス、広告などの向上のために援助したいと思う顧客のことである。ハーレー・ダビッドソンが、製品向上のための色々な提案をしてもらうため、エンジニアとのミーティングに招待する顧客を考えてみよう。デンマークのレゴ[10]に対して新製品開発の援助を買って出る若者や、ドリトス（Doritos[11]）に対して、そのスナック菓子の広告にアイデアを何

■**訳者注**

10　デンマークの玩具会社で、プラスチック製の組み立てブロックを製作していることで有名。

千と提案してくれるファンなどの例もある。

オーナーシップ指数（*The Ownership Quotient*）という書籍の著者でありビジネス・エキスパートのジェイムス・ヘスケット（James Heskett）、アール・サッサー（Earl Sasser）とジョー・ウイーラー（Joe Wheeler）は、最高レベルの顧客を定義して、カスタマー・オーナーと名づけた。その定義は、「製品・サービスを試してみて大変気に入り、再度購入して他者にも推奨し、実際に購入させ、製品に対して建設的な批判・アドバイスを与え、新製品やアイデアについての提案までしてくれる顧客」である。本当に顧客との絆を深める企業とは、この「カスタマー・オーナー[原注9]」と呼べる顧客の比率をみればわかる。

さて、自社に対してロイヤルティを感じる顧客数を増やすためにはどうすればよいのか、が問題になる。これについては、『顧客伝道師の創造（Creating Customer Evangelists）』、『カルト・ブランド・パワー（The Power of Cult Branding）』、『熱烈ファンのつくり方（Creating Raving Fans）[原注10]』などの書籍が出版されている。これらの本では、差別化、特別注文、個別化、体験創造、例外的サービス、教会やスポーツチーム、芸能人などが顧客のロイヤルティを高めるために開くファンのための集いなどの方法が紹介されている。図表2-3は、顧客のロイヤルティの向上を約束する方法のリストである。

これらはすべて、他社との差別化、また顧客とあなたの会社の特別な関係を約束する方法で

〔図表2－3　顧客ロイヤルティ・アップの方法〕

1. 特別サービス
2. 特別保証
3. 顧客用トレーニングおよび相談
4. ソフトウエア・ハードウエアの提供
5. お楽しみ景品・プレゼント
6. 多様な顧客の管理
7. お得意様（頻繁に購入してくれる顧客）プログラム
8. クラブ会員プログラム

ある。著書『戦略的顧客サービス（Strategic Customer Service）』で、ジョン・グッドマン（John Goodman）は、多くの顧客が歓迎した2つの事例を挙げている[原注11]。1つめは、オールステート保険（Allstate Insurance[12]）の事例で、顧客の多くが10代の子供が運転することについて心配をしていることがわかっていた。そこで、保護者向けに「お子様への運転アドバイスの仕方」というパンフレットを送付し、顧客に大変喜ばれた。次に、アメリカ自動車協会（American Auto Association）の例だ。同協会のドライバーは、車の牽引を暑い車内で待っていた女性客に対して、何よりも最初にボトル入りの水を渡して、遅くなったことを詫びた。たとえ、早く到着しても、だ。こうした小さなことが大きな違いを生むのだ。

■訳者注

11　アメリカの食品会社フリトレーが1966年に発売したトルティーアチップス（メキシコ、アメリカ南西部、中央アメリカの伝統的な薄焼きパン）のこと。

12　アメリカの主要な自動車保険会社。

顧客満足に影響する従業員態度の向上には何をすればよいか？

顧客は、企業と関わる際、見聞きするものすべてに影響される。ビルや店内の雰囲気を察し、従業員の態度やサービスに反応する。このため、企業は従業員の雇用に関して十分注意し、適切な研修を行う必要があるのだ。この点について、ディズニーは理想的である。従業員の採用には十分注意し、かつ実際の接客前には1週間（以上の場合もある）の研修を行っている。またフォーシーズンズ・ホテル[13]も、従業員選考の慎重さとその「お客様第一（Putting Guests First）」と呼ばれる研修で有名である。

従業員の思考、態度について、何を教えればよいのか？　企業が従業員に伝えるべき「顧客の大切さを語る言葉」のリストを図表2－4に挙げよう。

従業員教育に成功した企業は、素晴らしい顧客サービスの開発を「社内マーケティング」業務とみなす。こうした企業では、会社側が従業員に期待する接客態度と同じやり方で、従業員に接するため、従業員のニーズ、ウォンツ、価値観、満足も大切にする。給料、労働時間、期待、イベントなどを従業員のニーズや希望に沿うように設定する。従業員に対し、会社での仕事を楽しみ、自社製品やサービスの品質に誇りを持ち、管理の行き届いた会社と感じ、そこの

〔図表２－４　顧客の大切さを語る言葉〕

- 会社の目的は、「顧客をつくりだすことである……売り上げは顧客からだけ生まれる。」ピーター・ドラッカー (Peter Drucker)
- 「不満を言う顧客は、私の親友だ。」ステュー・レオナルド (Stew Leonard)
- 「規則１：顧客は常に正しい。規則２：顧客が間違っている場合、規則１を読め。」ステュー・レオナルド (Stew Leonard)
- 「われわれ全員を解雇できるのは顧客だけだ。」サム・ウォルトン (Sam Walton)
- 「顧客をつなぎとめておく唯一の方法は、常により安くより良いものを提供する方法を考えることだ。」ジャック・ウェルチ（Jack Welch）
- 「新しい上司がきた……お客様だ。顧客のことを考えていないということは、何も考えていないのと同じだ。」（作者不明）
- 「怒った顧客の力を見くびるな。」ジョエルＥ・ロス、マイケル・Ｊ・カミ（Joel E. Loss and Michael J. Kami）
- 「われわれがカスタマー・ドリブン（顧客の期待に応えるべく働く）でなければ、われわれの車もまたカスタマー・ドリブンではない（顧客に運転してもらえない）。」（フォード自動車）
- 「売り上げではなく、顧客をつくれ。」キャサリン・バーケッティ（Katherine Barchetti）
- 「顧客を１人キープできたら、顧客を１人探さなくていい。」ニジェール・サンダーズ（Niger Sanders）
- 「ビジネスの目的は、顧客をつくる顧客をつくることだ。」スリブ・シン (Sriv Singh)
- 「良いカスタマーサービスは、悪いカスタマーサービスより安くつく。」サリー・グラナウ（Sally Gronow）
- 「カスタマーサービスというセグメントがあるのではない、それは全員の仕事だ。」（作者不明）
- 「顧客が欲するものを探す努力をやれ、そして顧客が欲することをもっとやれ。顧客が嫌がることを探す努力をやれ、そしてできるだけそれを避けるようにしろ。」（作者不明）
- 「最高の企業は顧客を作らない、ファンを作るのだ。」ケン・ブランチャード (Ken Blanchard)
- 「人々の中に顧客を見つけるのではなく、顧客の中にお客様の“人”をみるべきだ。」ヤン・カールソン（Jan Carlson）
- 「最高に難しい顧客を満足させる努力をしろ。そうすれば、残りの顧客を満足させるのは簡単だ。」（作者不明）
- 「笑顔を作れないのなら、店を開くな。」（中国の諺）

従業員であることにプライドを持って欲しいのだ。毎年多くの雑誌で、さまざまな会社で実際に働いている従業員からアンケート調査をとってそれを基にして「もっとも働きたい会社」特集が組まれるが、当然のことながら、求職者は一般に、従業員満足度の高い企業への就職を希望する。

多くの企業が「オーナー従業員」と呼べるような、モチベーションの高い従業員を雇いたいと希望するのは当然だ。すなわち、オーナー従業員が、会社への忠誠心から会社のオーナーのような意識を持ち、他の能力の高い従業員を紹介し、仕事の手順や全般的な顧客対応効果などを向上させる提案をしてくれるような状況を望むのだ[原注12]。

しかし、こういった努力にかかわらず、従業員の接客技術にはバラツキが出るだろう。従業員は、図表2－5にある5つの従業員コミットメント・カテゴリーに分類される[原注13]。

図表2－5から企業はさまざまな従業員の言動をモニターする必要があることが明らかとなる。下位の3つのカテゴリーに当てはまる従業員は、顧客ロイヤルティに対する貢献度はほとんどなく、むしろその喪失にすらつながる。そのため定期的に従業員の業績チェックを行うことが重要である。業績の悪い従業員を解雇できなければ、問題は悪化するのみである。

会社で働く人々のやる気を引き出すために、「従業員」という呼び方を「アソシエイツ」や「パートナー」などに変える企業もある。これによって、「自分の会社」意識が芽生え、その結

〔図表２－５　５つの従業員コミットメント・カテゴリー〕

従業員大使（アドボケート：擁護者）──最も活動レベルが高い。会社のブランドや会社そのもの、またその顧客に対して自信と確信をもっている。さらに重要なことに、企業の内外において、会社について常にポジティブな言動をする。

ポジティブ・ロイヤルティ（忠誠心）──自分の仕事に対してポジティブで会社に対して親近感を感じている。会社全般について、好ましく感じ、できるだけ長く勤務するつもりであり、会社に代わって積極的に活動する。会社について頻繁に話すことはないが、会社について話す内容はポジティブである。

ポジティブ・コントリビューター（貢献者）──仕事についてはおおむね満足しているが、会社全般や会社と自分の関係、またその製品については、相反する感情を持つレベル～ややポジティブなレベルである。会社について他者にコメントする際には、その内容は、おおむねポジティブだが、コメントすることはあまりなく、一貫性はない。

無関心でただ居るだけの人（傍観者）──仕事に対する興味、会社やその製品に対して好感や親近感に欠ける。社内外で会社についてポジティブなコメントはしないか、または全くコメントしないかのどちらかである。会社との関わり合いは最低限で、その会社での勤務も単なる「仕事」でしかなく、それ以上のものはほぼない。

従業員サボタージュ（批判者）──会社から給料は受け取っているが、会社そのもの、その社風や方針、またその製品・サービスについてたびたび誹謗する。こういった人たちは、ネガティブな主張をし、好意的ではない意見を言い、社内の同僚や社外の顧客、その他の人々に会社について好ましくない見解を述べる。

果業績も伸びると期待するのだ。フォーチュン誌は、毎年、働きたい会社１００社を選ぶ大規模な調査を行っており、２０１２年の結果は、（上から）グーグル、ボストン・コンサルティング（Boston Consulting Group）、ＳＡＳインスティチュート（SAS Institute）、ウエグマン・フード・マーケット（Wegman's Food Markets）、エドワード・ジョーンズ（Edward Jones）、ＮｅｔＡｐｐ、カムデン・プロパティ・トラスト（Camden Property Trust）、リクリエーション・イクイプメント（Recreational Equipment：REI）、ＣＨＧヘルスケア・サービス（CHG Healthcare Services）、クイッケン・ローンズ（Quicken Loans）となっている[14・原注14]。

他のステークホルダー（関係者）の接客態度改善のためには何ができるか？

顧客はまた、配送業者、小売店、代理店、仲介業者、広告代理店、その他サプライヤーなど自社の関係者からも影響を受けている。最終的に顧客に製品が届くまで、相互依存的関係にあるこれらの業者とも連携していかなければならない。

デニーズ・レストランチェーン（Denny's）の例を考えてみよう。アメリカに１５００店舗、従業員４万７０００名、24時間営業、日々１５０の料理を１００万人の顧客に提供している。デニーズは、そのシステム（入店する顧客への挨拶から、調理、テーブル清掃、食器洗浄、支払いの受取り、釣銭の出し方まで）において、いかに質の高いサービスを提供できるかを考えなければならなかった。同社では、これをチェーン内の全業者に頼るところが大きい。

すべての会社が人によるビジネスだという点に立ち戻って考えるべきだ。会社の関係者は人で、さまざまな価値観、希望、夢、苦しみを持っている。よって、すべての企業は、各関係者が何に価値を置いているかを理解し、その期待に沿えるように努力しなければならない。

われわれは、答えを提供するのではなく、ここで、以下の一点を明確にしておく必要がある。会社の成功は、その会社自身だけにあるのではなく、むしろその関係者の質や士気に負うところのほうが大きい、という点だ。リーバイス（Levi's）の関係者のほうが、ライバルのラングラー（Wranglar[15]）の関係者よりも優秀で士気が高ければ、市場での戦いでは、リーバイスがラングラーに勝るだろう。

■訳者注

13　世界的に展開している国際的なホテルチェーン。客室数は少なめで、豪華な設備と質の高いサービスを特長としているといわれる。

14　順に、アメリカのネット検索会社、コンサルティング会社、計算ソフト開発会社、スーパーマーケット、財務情報会社、データ処理会社、不動産管理会社、アウトドア用品会社、ヘルスケア会社、金融会社である。

15　アメリカのジーンズ会社。

結論

ターゲットとする顧客をより明確に定義する戦略を立てれば、あなたの会社のほうを好む顧客が増えるだろう。既に自社のファンとなってくれている顧客をつなぎとめておくほうが、顧客を新規開拓するよりもコストはかからない。あなたの会社の目標は、以下の段階に見られるように、自社に対する顧客のロイヤルティのレベルを高めていくことだ。満足顧客→ファン（コミッテッド・カスタマー）→アドボケーター→コ・クリエイター→カスタマー・オーナー、である。また、あなたの会社が成功するためには、従業員も同様に、レベルを高めていく必要がある。自社に対して不満を持ち、ただ席に座っているだけの従業員から受け身的な貢献者へ、そして最終的には自社の大使的役割を果たすような従業員へと成長させていくべきだ。また、自社の関係者である配送業者やサプライヤーなどについても同じことが言える。

質問

1 あなたの会社がターゲットとする顧客とは？ その定義を明確にできるか？ その定義を広めたり狭めたりしなくてよいか？

2 失った顧客、またその埋め合わせのためにかかったコストを算定したことはあるか？ またこの意味を考えてみよう。

3 （図表2－3にある）顧客ロイヤルティのアップを図るために、何をするか？ そのコストは？ 見返りとして期待できるものは何か？

4 顧客で、自社のファンと呼べる人は何パーセントくらいいるか？ 彼らは満足してくれているか？ 喜んでくれている人はどれくらいいか？ この数値をアップするためには何ができるか？

5 従業員の多くが、自社に満足して積極的に活躍していると言えるか？ もしそうでなければ、原因は何か？ 従業員ロイヤルティのアップのためには何ができるか？

6 サプライヤー、配送業者などのチャネル・メンバー（販売経路の業者）に、あなたの会社の良きパートナー的存在になってもらうにはどうすればよいか？

第3章

強力なブランドを築いて成長する

会社にとってのブランドとは、人にとっての評判のようなものである。
難しいことを努力してうまくやることで評判を上げることができる。

ジェフ・ベゾス、アマゾン

すべての企業はブランドといえる。たとえいま、ブランド活動を行っていなくても、だ。企業が存在し、売買を行っていることから、その会社について見聞きしたり、またその会社と取引したりする人々の心の中に、その会社のイメージが形成される。こういった人々がその会社に関して、2、3のコメントをするだろう。そのイメージが似かよっていれば、その会社は、イメージの定義がよくできているといえる。問うべきことはただ1つだ、会社はそのブランド・イメージに満足しているのか、改善したいと感じているかどうか、である。市場でパワーと一貫性のある一定の評判を作り上げたい時、企業は意識的にブランド化を図る。

これは、企業が、すべての層に対して同じイメージを伝えようとしている、という意味ではない。たとえば、マクドナルド（McDonald's）は、母親層、10代、高齢者層それぞれに対して、多少異なるイメージ戦略を行っている。航空機メーカーのボーイング（Boeing）が、ユナイテッド航空（United Airlines）との契約を目指す場合は、ユナイテッド航空のエンジニア、購買部、財務部長、そしてＣＥＯそれぞれにボーイング機の品質について、異なるセールスポイントを強調するだろう。購入決定プロセスにおいて、ユナイテッド航空のそれぞれの部署は、それぞれ異なる点を考慮するからだ。ボーイング社の全体像を理解してもらうためには、矛盾のない一貫性のあるブランド・メッセージを伝える必要がある。

ここで、ブランド・コンセプトをブランド・インテグリティ（*brand integrity*）、ブランド・

アイデンティティ（*brand identity*）、ブランド・イメージ（*brand image*）の3つに分類する必要がある。ブランドのプランニングは、ブランド・インテグリティから始めなければならない。これは、企業が顧客に対して何を届け、何を満たすことができるのかを真摯に測るポイントだからだ。ブランド・インテグリティは、価値に対する保証であり、顧客の信頼を得る鍵である。これを基盤にして企業はブランド・アイデンティティ、すなわち、他社からどう見てもらいたいか、をデザインする。ブランド・アイデンティティには、企業としての立ち位置が関わってくる。次のステップは、ブランド・イメージ、すなわちライバルとの差別化、の決定である。明確な差別化がなければ、その会社のイメージは、他の差別化されてない会社と同様か、または差別化されたライバルと比較した際に目立たない存在となってしまう。特別なブランド要素やビジュアルには、さらなるステップが必要だ。

このブランド・プランニングの流れを、アウトドア用のフットウエア・アパレルのティンバーランド（Timberland）の例で考えてみよう（図表3-1）。ティンバーランドのブランド・インテグリティは、初期の型ぬきタイプのフットウエアのイノベーティブな技術と、アメリカで最初のフットウエア・ブランドという点にある。そのブランド・アイデンティティは、優れたフットウエアや衣類の製造をするアウトドア用品のブランドであるというところに置かれている。そしてそのブランド・イメージを、企業市民として積極的に活動し、環境問題の組合幹

〔図表3－1　ティンバーランド社の3Ｉモデル〕

事となり、世界の人権問題に携わることで差別化してきた。結果、同社はステイクホルダーから高く評価され、それに続くものも多く出てきた。

企業は、ブランド・イメージのデザインに多大な努力を払うが、常に求めるものが得られるとは限らない。それは企業がコントロールできない外部の影響が多すぎるためだ。ウォルマートの例をみてみよう。同社はもともと、最低価格を売りものにする店として始まった。後に環境問題への配慮を欠いているとして批判された際、同社は積極的に動き、環境問題への責任を負う企業としてのイメージを追加した。同社はトラックを二酸化炭素排出量の低い車両に替え、取引業者に対しても同社との契約継続を希望するなら同様の対応をするように勧めた。また従業員に対する低い賃金と貧弱な処遇を批判された際には、それを改善する行動をとった。このように何か新しい事態が発生した際には、企業は、行動を起こしてイメージを刷新することを考えなければならない。最近では、同社はメキシコでの新規開店のための贈賄を告発され、ブランド・イメージを傷つけた。ここでの教訓は明白だ。企業イメージの「デザイン」には細心の注意を払う必要があるということだ。会社の評判は、自分たちでは制御不可能であると常に考えておくべきで、これには、ただちに対応することが最善の方法である。

批判を受ける製品をつくる企業は数多い。タバコ、アルコール飲料のメーカーから、アメリカの肥満問題を引き起こしたとされるマクドナルドやコカ・コーラなどがその例である。これらの企業はまさに、善き活動をサポートするために最善を尽くし、市民としての責任を果たし、信用を得るための努力を日々重ねている。これらの会社は、いつ自社がラルフ・ネーダー(Ralph Nader)の攻撃の対象とされるかわからないので、ブランドを守るための慈善活動を通じて多くの支持者を集めておきたいと願っている。

ブランド化が高成長に貢献する可能性については、以下のことを考えてみよう。

1　強いブランド開発は、自社の成長の可能性をどのように高めるか?

2　すべてをブランド化できるか？
3　ブランドをつくる要素は何か？
4　強いブランドの特徴は何か？
5　ブランド・ビルディング（ブランド構築）の主なツールは何か？
6　ブランドは、どこまで拡張することができるか（どこでその意味がなくなってしまうか）？
7　ブランド・エクイティ（ブランドが持つ無形の資産価値）の評価をどのようにモニタリングするか？
8　ブランド・ビルディング（ブランド構築）とその制御におけるデジタル・インパクトは何か？

それぞれを詳しくみていこう。

強いブランド開発は、自社の成長の可能性をどのように高めるか？

強いブランドは3つの明確な方法で、企業の成長に寄与する。まず、強いブランドを持つ企業は価格を高く設定できる。そのため、収益増大とそれに伴うキャッシュの増加で、企業のさらなる拡大が期待できる。たとえば、キャタピラーは建設工事機器のカテゴリーで強いブランド力を持っているので、その製品を高く売ることができる。購入者は、同社の製品とそのサービスの良さを認知しているのだ。そして収益が上がれば、成長も促進される。

次にブランド力がある会社は、チャネルの獲得も容易である。コカ・コーラ製品は、スーパー、自動販売機、ガソリンスタンド、レストラン、その他いろいろな場所で目にすることができる。しかし、無名ブランドの飲料がいろいろな所で販売されるチャンスがどれほどあるか想像してみてほしい。ブランド力の強さが企業拡張のスピードとその成否を決めるのである。

3番目に、ブランドが信頼と尊敬を勝ち得たら、同じブランド名のもとで新商品が販売できる。キャンベル・スープ・カンパニー（Campbell Soup Company[1]）が、新商品ごとに新しいブランド名をつけなくてもよいのは、このためである。識別可能なキャンベルの名前がしっかりとスープ缶についていることで、顧客もチャネル関係者もその製品に信頼を置くからである。新ブランドの開発が不要となるため、企業にとっては大幅なコスト削減となる。しかも、同じブランドでさまざまな新製品の販売が容易になるので、市場での浸透性が加速する。企業の他の資産との関わりにおいても強いブランド力の重要性は見過ごせない。コカ・コーラのシニア・マネージャーはかつて、コカ・コーラの名前をキープできるのであれば、工場、装置などの会社の資産を売却してもかまわないと語った。彼のこのコメントは十分理解できる。ブランド・コンサルタントのインターブランド（Interbrand[2]）は、２０１１年トップ１００ブランド・ランキングにおいて、コカ・コーラのブランド価値は７１０億ドルになると発表した。これにＩＢＭ（７００億ドル）、マイクロソフト（Microsoft）（５９０億ドル）、グーグル（５５０億ドル）、ＧＥ（４３０億ドル）が続く[原注1]。

不景気下でも収益維持のためにブランド化できることがある。以下に現実的な可能性を挙げてみた。

- 機能を絞り込んだ低価格製品を製品ラインに追加する。あるいは違うブランド名で発売してもよいかもしれない。多くの企業は、価格帯の異なる製品ラインをいくつかもつべきである。
- 無料配送、設置費無料など、製品に付加価値をつける。

■訳者注

1　アメリカの食品メーカー。スープ缶と関連製品を製造し、その製品は現在は世界１２０カ国で販売されている。

2　ニューヨークに本部を置く世界的なコンサルティング会社。

- 価格は据え置きのまま、広告を増やし、高い価格を支払っても当該ブランドに固執すべき理由を顧客に強くアピールする。たとえばP&Gは、タイド（Tide[3]）に対して値下げではなく、この戦略を採った。
- 新キャンペーンでブランド・イメージを刷新する。たとえばダヴ（Dove）[4]は「リアルビューティ」キャンペーンを2011年、中国で導入した。女性は真の美しさを備えている、ダヴがそれを引き出す、というコンセプトであった。
- 新たな技術革新を行う。アップルは景気後退時にiPhoneを売り出し、ノキア（Nokia）のシェアを5年間で50%から10%までに減少させた。
- 低価格帯製品にシフトするが、ブランド・バリューと信頼は維持する。ガイコ（Geico）は自動車保険を主にインターネットで販売し、有名ブランドでありながら、低価格商品の提供会社としての地位も獲得した。

すべてをブランド化できるのか？

答えはイエスである。すべて、ブランド化することができる。さらに大切なのは、意識的にブランド化することによってあらゆる面において潜在的利益を得ることができるということだ。

〔図表3－2　すべてがブランド化できる〕

- 消費者向け製品：アブソリュート・ウォッカ[5]、バービー人形、BMW，クリネックス
- 産業製品：ペンティアム・チップ、HPレーザージェット、デュポン・ナイロン
- サービス：エイビス[6]、フェデラル・エクスプレス、ディズニー、クラブ・メッド[7]、ウエイト・ウォッチャーズ[8]
- 小売：マークス＆スペンサー[9]、ウォルマート、ブーツ[10]、ウォルグリーン[11]、ホームデポ[12]
- 企業：ＩＢＭ，ＧＥ，インテル、アップル、ネスレ、サムスン
- 人：マドンナ、カルバン・クライン、バーブラ・ストライザンド[13]
- 場所：パリ「光の都市」、シカゴ「セカンド・シティ」、シリコンバレー「テック・キャピタル」
- コモディティ商品：カリフォルニア・オレンジ、アイダホ・ポテト、ダサーニ・ウォーター、パーデュー・チキン、チキータ・バナナ、アクメ・ブリックス[14]

さまざまな製品、サービス、人までもブランド化できた例を図表3－2で挙げておこう。

ある店がコンピュータを販売しているというのと、アップルコンピュータを販売しているというのは全く異なる。それはアップルコンピュータは競合他社製品より10～20％高く販売されているからだ。スーパーでただのチキンを販売するのと、パーデュー・チキンを販売するのでは違うのと同じことである。それはそのブランドがあるので15％高く販売されるからだ。アイダホ・ポテト、エヴィアン・ウオーター、チキータ・バナナ、アクメ・ブリックスなどの商品も同様である。

ブランドをつくる要素は何か？

ブランドは、製品に付けられた名前にすぎない

と考える人もいる。もともとの意味はその通りだ。ブランドは持ち主がわかるように牛に烙印（branded）を押したのが語源だ。しかし、今日のブランドの意味は、単なる名前以上のものになっている。少なくとも、ブランドには以下の要素が必要である。名前、ロゴ、スローガンである。

名前　ブランド名の選択は重要である。人気俳優のアラン・アルダ（Alan Alda）が、元々のアルフォンソ・ダブルッツォ（Alphonso D'Abruzzo）という名前のままだったら人気が出たかどうかは疑問である。また、私は、チャイニーズ・グースベリー（Chinese gooseberry）という名前よりもキウィ・フルーツのほうがいいと感じるし、ホッグ・アイランドよりもパラダイス・アイランドで休暇を過ごしたいと思う[15]。

製品のネーミングは、先延ばしにすべきではない。その名前とともに仕事は進行するのだし、途中で名前を変更するには莫大な費用がかかる。名前を考える源泉は次のように数多くある。

- 創始者の名前――ウィリアム・E・ボーイング、ジョン・ディア（John Deere）、ポール・ジュリアス・ロイター（Paul Julius Reuter）、ワーナー・フォン・ジーメンス（Werner von Siemens）、ジョン・ピアポント・モルガン（John Pierpont Morgan）

●説明的な名前——ブリティッシュ・エアウェイズ（British Airways）、エアバス（Airbus）、キャタピラー（Caterpillar）、ドイッチェ・テレコム（Deutsche Telekom）、インターナショナル・ビジネス・マシーン（International Business Machine）、ゼネラル・エレクトリック（General Electoric）

●頭文字による名前——ＩＢＭ、ＢＡＳＦ、ＢＢＤＯ、ＤＨＬ、ＨＰ、ＨＳＢＣ、ＳＡＰ、

■訳者注

3 Tide は液体洗剤。

4 ユニ・リーバの石鹸・ボディソープのブランド。

5 ウォッカの銘柄。

6 アメリカのレンタカー会社。

7 フランス・パリに本拠地を置くヴァカンスサービス会社。日本では地中海クラブとよばれていたこともある。

8 アメリカに本拠地を置く世界最大のダイエットセンター。ダイエット関連グッズとサービスを提供している。

9 衣料品、靴、食品、家庭用雑貨などを販売するイギリスの小売業者。

10 イギリスの薬局チェーン。

11 アメリカ最大の薬局チェーンの１つ。

12 アメリカの住宅リフォーム、建材資材・サービスのチェーン。ジョージア州アトランタに本拠地を置く。

13 アメリカの女優、歌手、作曲家、映画監督、プロデューサー。

14 アメリカの建築資材、レンガの会社。

15 Hog は、去勢したオス豚の意味がある。

UPS[16]

・創作された名前――アクセンチュア（Accenture）、エクソン（Exxon）、モービル（Mobile）、ゼロックス（Xerox）

・象徴による名前――アップル、バージン（Virgin）

自社の製品名の候補と、その製品のセールスポイントの特性リストをつくって、2つを並べて評価してみるべきだ。上手なネーミングには6つの特徴がある（図表3－3）。ブランド・エクイティ（ブランドが持つ無形の資産価値）が、ブランド要素の中から賢明に選ばれたもので形成されるという点から考えれば、最初の3つ（覚えやすい、意味がある、好ましい）は、ブランド構築の特徴を表している。残りの3つ（移転できる、適応できる、保護できる）は、防衛的なものである。ブランド要素の中にあるブランド・エクイティが、さまざまな機会や制限に直面した際、いかに強化され保護されるかという点と関わっている。

自社製品のブランド名の候補をこれらの基準と照合させよう。注意すべき点は、ブランド名が移譲できる点と、翻訳についてである。他の言語が使われる海外への進出を計画している場合には、特に注意が必要である。ブランド名について企業が直面した以下の問題について考えてみよう。

〔図表3-3　ブランド・ネーミングの選択基準〕

- 覚えやすい
- 意味がある
- 好ましい
- 移転できる
- 適応できる
- 保護できる

- シボレー（Chevrolet）のノバ（Nova）は、スペイン語圏では売れ行きが悪かった。それはノバとはスペイン語では「行かない」という意味になるからだった。
- 日本の三菱自動車は、スペイン語圏での販売に際し、パジェロ（Pajero）の名前を変更しなければならなかった。その理由は、パジェロがスペイン語ではマスターベーションと関係する用語だったためだ。
- トヨタ自動車は、フランスでの販売に際し、MR2の数字をとった。MR2はフランス語では、罵りの言葉と響きが似ていたためだ。
- ブラニフ・エアライン（Braniff International Airways）がその座席の宣伝用スローガンの「革張りの椅子で旅を（Fly in

■訳者注

16　上から順に、アメリカのコンピュータ情報処理機器メーカー、ドイツの化学メーカー、アメリカの広告エージェンシー（Batten, Barton, Durstine, and Osborn の略。ドイツの物流会社、アメリカの情報機器メーカー、イギリスの金融、アメリカのソフトウェア販売会社、アメリカの物流会社

leather-seated luxury.)」をスペイン語に翻訳した際、それは「裸で旅を」という意味になってしまった。

- ペプシが数年前に中国でマーケティングを開始した際、「ペプシでリフレッシュ（生きかえる）」というスローガンを中国語に翻訳したら「ペプシは、先祖を墓場から生き返らせる」になってしまった。
- コカ・コーラは、中国に初めて出荷した際、製品にコカ・コーラの音と似た発音の漢字をあてがった。その漢字の意味は「蝋《ろう》つきオタマジャクシを咬め」だったため、同社は後に「口の中の幸福」という意味の漢字に変更した。
- ヘアケア用品のクレイロール（Clairol）は、「ミストスティック」というカール用ヘア・アイロンをドイツで販売した際、ミストがドイツ語では、「肥やし」の意味だと知ることになった。

ロゴ　ブランド名が決まったら、デザイナーにその名前に合う強烈な視覚的なアイデンティティをあらわすロゴを依頼する必要がある。その後、社名を体現するシンボルやエンブレムであるロゴを選ぶ（図表3－4）。社名はまったく表記されていない場合もある。たとえばアップルのロゴが、齧られたリンゴであるように。

〔図表3－4　さまざまな企業のロゴ〕

スローガン　その後の宣伝用にスローガンを追加しておくことを勧める。スローガンとは、人にその企業の製品を思い起こさせる短い文のことである。以下は良く練られたスローガンの例である。

- ナイキ：〝Just do it.（ジャスト・ドゥ・イット）〟
- ＢＭＷ：〝Ultimate Driving Machine.（究極のドライビング・マシーン）〟
- クウェーカー・オーツ（Quaker Oats[17]）：〝Warms your heart and soul.（貴方のハートとソウルを温める）〟
- コカ・コーラ：〝The Real Thing.（ザ・リアル・シング「これぞ本物」）〟
- エマーソン（Emerson[18]）：〝Consider It Solved.（お任せ下さい）〟

- ＧＥ：〝Imagination at Work.（想像をカタチにするチカラ）〟or〝We Bring Good Things to Life.（人生に良いものを）〟
- ヒューレット・パッカード：〝Invent.（インベント「発明せよ」）〟
- ゼロックス：〝The Document Company.（ザ・ドキュメント・カンパニー）〟
- バドワイザー（Budwiser）：〝King of Beers.（キング・オブ・ビール「ビールの王様」）〟

スローガンは、逆効果になることがないように慎重に選択しなければならない。フォードは、何年もの間、「品質がわれわれのナンバーワンの仕事だ」というスローガンを使ってきたが、高品質のトップ10にはフォード車は1台も入ってなかった。ホリデイ・イン（Holiday Inn）は、管理の行き届いたサービスを顧客にアピールしようと「ノー・サプライズ（驚くことは何もない）」というスローガンを打ち立てたが、実際はタオルがなかったり、オペレーターにつながらなかったりして、顧客を驚かせた。同社はこのスローガンの使用を開始してすぐに取りやめた。ロイズ銀行（Lloyds Bank）も「イエスと答えるのが好きな銀行」というスローガンをうたっていたが、多数のローン申請を拒絶した際に取り下げた。ドイツのフィリップス・エレクトロニクス（Philips Electoronics）は、世界の巨大電気器具会社の一つだが、数多くのスローガンの変更を行った。（「砂からチップまで」から「フィリップは、あなたのために発明する」

に、さらに「より良くしていこう」へと問題が発生する度に変更した。）

長い文は、キャッチフレーズと呼ばれることが多く、以下のように、内容についてのフレーズとなっている。

- Aetna：〝The Company You Need for the Life You Want.（あなたの望む人生に必要な会社）〟
- マスターカード：〝There are some things money cannot buy. For everything else, there's MasterCard.（お金では買えないものがある。それ以外は、マスターカードで）〟

外国語に翻訳する際にはスローガンでみたような間違いがないように（また以下の会社のような失敗をしないように）慎重に調べよう。

- クアーズ（Coors）がそのスローガン「Turn it loose（気楽になろう）」をスペイン語に翻訳した際、「下痢で苦しめ」という意味になった。

訳者注

17　シカゴに本拠地を置く食品コングロマリット。商品では朝食のシリアルやグラノーラなどが有名。

18　アメリカを代表するコングロマリット。産業分野、商業分野、一般顧客向けに幅広くエンジニアリングサービスを提供する。

- 鶏肉業者大手のフランク・パーデュー（Frank Purdue）の「タフな男が柔らかいチキンを作る」は、スペイン語では「チキンを愛情深くするには、性的に刺激された男がいる」というおかしな意味になった。

ブランドのその他の要素　その他の要素、たとえば色などを追加することで、さらにブランド力を高めることができる。たとえば、キャタピラーは、地上を走る同社の全製品を黄色にしている。またコカ・コーラはパッケージには必ず赤色を使う。トレードマークにも同色を使用している。あるいは、決まった音、音楽、テーマ音（*jingle*）などを使う企業もある。ＡＯＬでは、ソフトを開くと「ウエルカム。ユーガッタメール。」と男性の音声で言うし、ユナイテッド航空では１９７６年以来、ガーシュインの「ラプソディ・イン・ブルー」をブランド・テーマとして使用している。特定のキャラクターを使う企業もある。ケンタッキー・フライドチキン（Kentucky Fried Chicken）の店舗ではカーネル・サンダース（Colonel Sanders）の写真を飾り、トラベラー保険（Traveler's Insurance[19]）では傘をそのシンボルとして広告に使っている。今日では、視覚、聴覚、味覚、嗅覚、触覚のすべてに訴える興味深いブランドがある[原注2]。高級小売のティファニー（Tiffany）やエルメス（Hermès）では、その高級感を出すため、美的な照明や素晴らしい香りなど五感のすべてを刺激するといった企業努力をしている。

印象的なブランドの構築には、特にビジュアル・アイデンティティを専門とするデザインのグループとも共同作業をするクリエイティブなマーケターが必要だ。デザインとマーケティングはパートナーとして、ブランド要素やブランドのインパクトという点においてだけではなく、全製品と企業が市場に対して提供するプロセスについて、協働することが必要だ。アップルの製品とブランドの成功は、素晴らしいデザインとともに優秀なマーケティングに負うところが大きいと言える。

強いブランドの特徴は何か？

ブランドにどんな要素が必要かはわかっていても、「スーパーブランド」という、尊敬され、広く知られるような存在になるには何が必要なのか、この問いに常に答えを出すことはできない。コカ・コーラ、バージン、ＢＭＷ、メルセデス、などのブランドを維持しているものは一体何なのだろう？

ブラジルには世界的に知名度のあるブランドがほとんどないので、その答えを知りたいと考

訳者注

19　アメリカの保険会社。もともとは鉄道旅行者のための旅行保険を取り扱ったことから始まった。

えた。知名度のあるブランドはないが、同国は世界最大のコーヒー豆の原産国で、それをコーヒー豆をつくっていないスイスに販売している。スイスの企業は、このコーヒーで、ブラジルへの支払額の10倍もの利益を得ている。その企業とはネスレ（Nestlé）である。なぜブラジルは自国のコーヒーブランドを立ち上げ、安く売り、利益を得ることができないのか？　その答えは簡単だ。ブラジルにはネスカフェというブランドがないからだ。

マーケティング・リサーチ・コンサルタントのミルワード・ブラウン（Millward Brown）とＷＰＰは、ブランドの強さを示すＢＲＡＮＤＺモデルを開発した。その中心はブランド・ダイナミクス・ピラミッド（図表3－5）だ。

このモデルに従えば、ブランド構築には5つのステップがある。各ステップは、その1段階前のステップで、顧客との関係が上手く形成されたか否かで変わってくる。各企業は、それぞれ違うツールを使ってこのステップを昇る。広告は人々にそのブランドを認知させるためには必要で、他のステップでは有用であるが、最後の2つのステップでは、その役割は小さい。ステップ3、4では、試供品提供が有効であり、継続して顧客対応を十分に上手く行うことでステップ5へとつながる。

企業の目標は、自社のブランドにより多くを支出し、そのブランドについて好意的発言をしてくれる、自社との絆で結ばれた顧客をつくり出すことである。しかし、多くの顧客がまだ下

〔図表３－５　ブランドビルディング（ブランド構築）のブランド・ダイナミクス・モデル〕

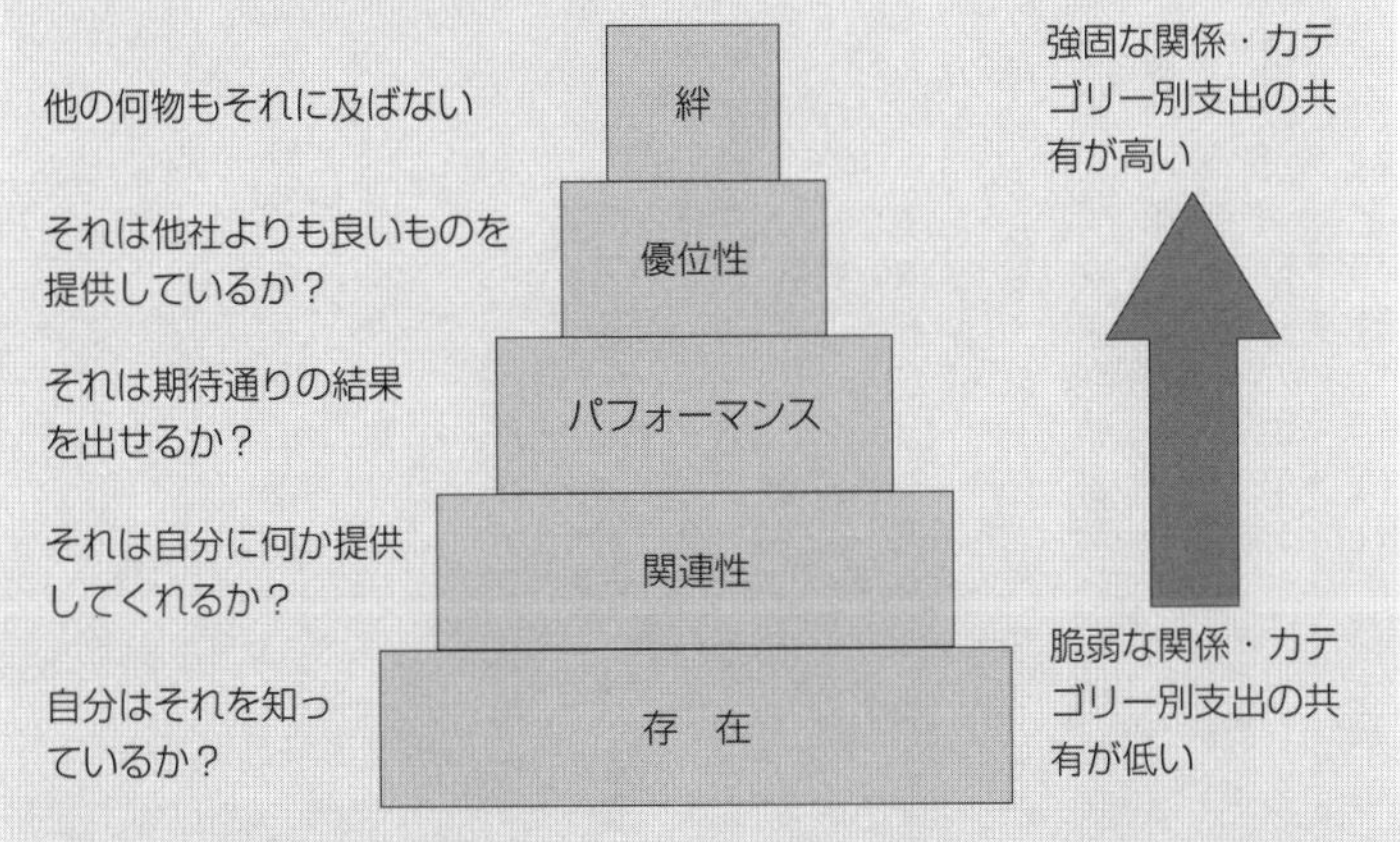

層レベルにとどまっていることに気づくだろう。マーケターの仕事は、顧客をピラミッドのより上層部へと導くことができる活動やプログラムを開発することである。

広告エージェンシーのヤング・アンド・ルビカム（Young and Rubicam：Y&R）社は、このモデルをブランド資産評価バリュエーター（BAV）と呼んだ。44カ国50万人近くの顧客に対する調査を、さまざまなカテゴリーの何千というブランドで行った。４つの変数は、ブランド・エクイティの柱で、その最重要ポイントは、活発な差別化（またはモメンタム（勢い））である。この柱は、そのブランドの差別化が十分になされており、モメンタムがあることを示す。たとえば、アップルには、現在この勢いがみられる。これは、

〔図表3-6　ブランド資産評価バリュエーター（BAV）モデル〕

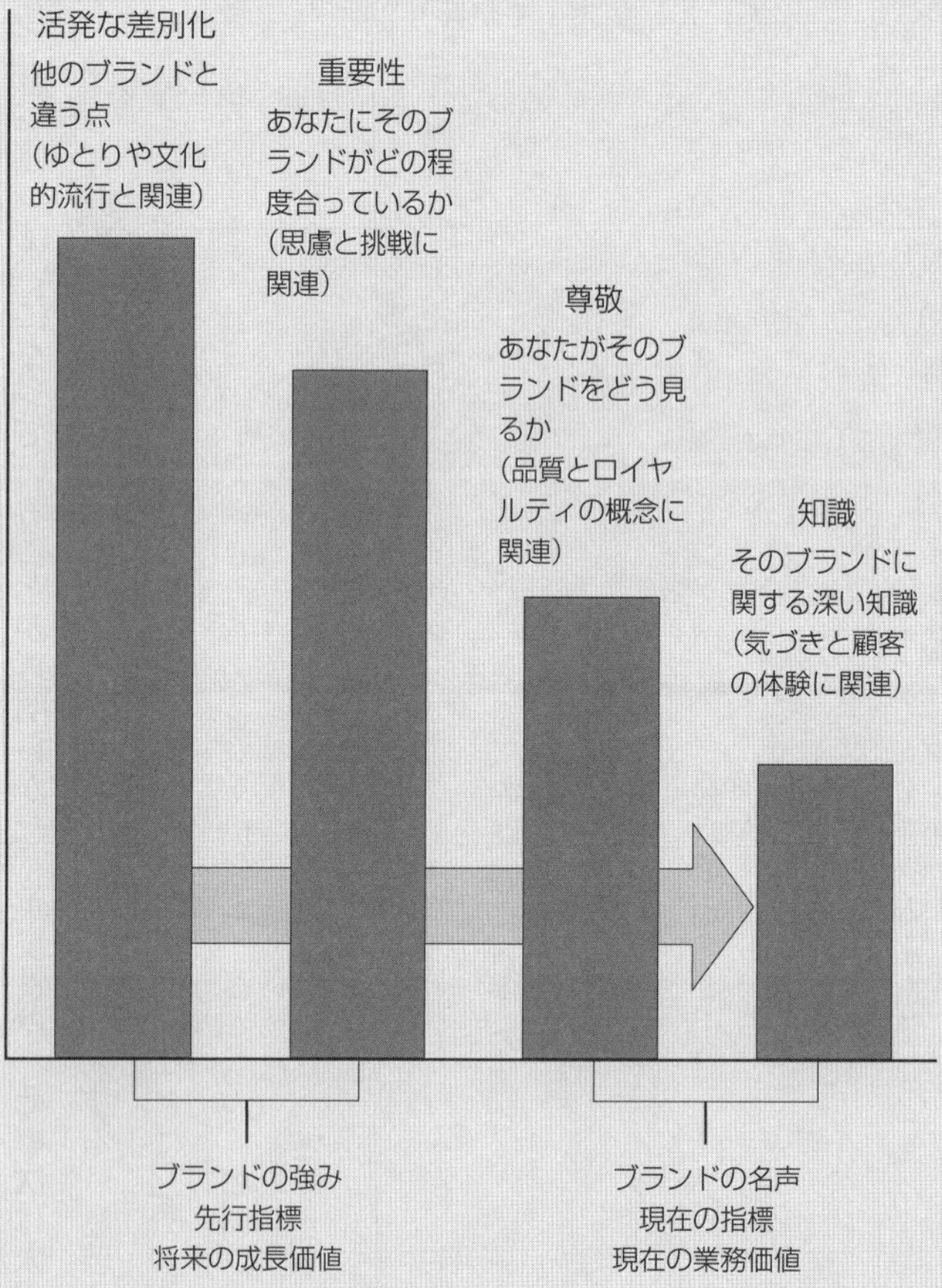

出典：Brand Asset Valuator (BAV), Property of Young & Rubicam Group, WPP PLC.

アップルの店内に入れば、アップルのマック・コンピュータ、iPod、iPad、iPhoneに興味津々の顧客で店がいっぱいになっていることから明らかだ。重要性は、その次に大事だ。フェイスブックにはこれがある。重要性と差別化で、ブランド競争力を構成する。尊敬（たとえばメルク）と知識（たとえばＩＢＭ）でブランド力の高さを構成する。これは過去の業績報告書的なものだ。数千のブランドについて、これらの変数を測定し、Ｙ＆Ｒは、どのブランドが成長し、どれが遅れるかがわかると言っている。

ブランド構築の主なツールは何か？

ブランド構築は、マーケティング部門だけの仕事ではなく、会社全体の責任だ。好ましくない従業員、サプライヤー、パートナー、配送業者はブランドを傷つける。だが、ブランド・アイデンティティの定義はマーケティング部門の責任である。製品をつくるのは工場だが、ブランドの意味をつくるのはマーケティングだとよく言われる。レブロン（Revlon）化粧品のチャールズ・レブソン（Chrales Revson）は、「工場では、製品をつくる。店舗では、希望を売る。」と言っている[原注3]。

マーケティングを始めたばかりの人は、マーケティングとは30秒間のテレビ・コマーシャル

〔図表３－７　ブランド構築のツール〕

- 従来の広告
- ソーシャル・メディア
- イベントなどのスポンサーになる
- クラブやユーザーコミュニティの構築
- 会社訪問
- トレードショー訪問
- 展示会出展
- 発表会、討論会、エンターテイメントショーなどをネットで放映
- 店舗またはショールームの開店
- 公共施設または社会運動支援
- 製品の値段以上の高価値をつける

に払う資金の問題だと考えがちだ。巨大市場向けの製品に対するテレビＣＭの有用性は認めるが、テレビ広告や、チラシ、ラジオ、広告掲示板だけが、ブランド構築に役立つと考えるのはあまりにも近視眼的だ。図表３－７は、新ブランドに対する顧客の気づき、興味、知識、考え、また選好（好みの表現）にも使えるツールのリストだ。

マーケターが、ターゲット市場の注目を引くべくさまざまなツールを用いて、消費者の選好をつくりだしていくことができるのは明らかだ。マーケターがどのツールを選ぶのかは、認知の到達範囲と広告ツールのコストの兼ね合いに依存している。

ブランドは、どこまで拡張することができるか？

強力なブランド名を持つ企業は、新製品にそのブランド名を使いたいと考える。しかし、企業は、どこまでそのブランド名を拡張することができるのか？　どこまで拡張すると、その意味がなくなってしまうか？　たとえば、ナイキのブランド名は、スポーツ選手が身につけている靴やスポーツウエアでは見られるが、男性用スーツには見られない。関連製品に同ブランドをつけるのは構わない。しかし、ＧＭのブランドがついたシャンプーを買う人はいないし、逆にシャンプー・メーカーがその製品にＧＭのブランドはつけないだろう。

⑴同カテゴリー内において、同じブランド名の違う製品を製造する（ライン・エクステンション）、⑵別のカテゴリーにも拡張する（ブランド・エクステンション）、⑶他の産業（ブランド・ストレッチ）の区別が必要だ。

まず同一ブランドの再利用で最もよく行われる方法は、ライン・エクステンションである。キャンベルは、新発売するスープにそのブランド名をつける。ケロッグは、新発売のシリアルにそのブランドをつける。メルセデスもしかりである。

ブランド・エクステンションとはカテゴリーが違う製品に対しても、同じブランド名をつけることである。たとえば、ハーレー・ダビッドソンは、その有名なオートバイ以外にも、同社のクラブ・メンバー（ホッグ：ハーレー・オーナー・グループと呼ばれる）が、ハーレー・ファンのアイデンティティを示すために購入する製品にもそのブランド名をつけている。ハーレーのブランド名入りペン、腕時計、財布、レザー・ジャケット、Tシャツ、そして、ネバダ州ラスベガスにはハーレー・カフェもある。しかし、同社は、ベビー・ベッド、ダイヤの指輪など、かけ離れた商品にはそのブランド名はつけない。

　次にブランド・ストレッチは、企業がそのブランドを使って他の産業に進出する時に行われる。バージンが良い例だ。創始者リチャード・ブランソン（Richard Branson）氏は、音楽業界でその名をなし、バージンのブランド名を使って他の多くの産業へ進出した。ソフトドリンク、携帯電話、鉄道、航空事業、ウエディングドレスなどだ。しかし、彼は闇雲にいろんな分野に進出したわけではない。高品質、革新的、そして楽しく大胆なものを提供できる時だけ進出した。バージン・アトランティック航空は、アイスクリームやマッサージを初めて機内で提供したし、今となっては機内でカジノやジムで楽しめるようになっても驚かないだろう。バージン・ウエディングドレスの発売に際しては、ブランソンは自らそのドレスを着て見せた。

　ここでのメッセージは明白だ。ブランドパワーが強いとき、その拡張・拡大には細心の注意が必要だということだ。しかし、企業側は、消費者がそのブランドに関して勝手に行うかもしれない行為については制御することができない。インターネット時代には、人々は、ブランドについて、より多数の知人に向けて、長短両方のコメントを発信する。企業はそれらのコメントを監視し、良い口コミは利用し、悪いものは修正する必要がある。すべての企業は、自社ブランドへのコメントをチェックするだけでなく、競合他社の情報をチェックし、オンライントークをフォローするためにグーグル・アラートなどの利用を考慮に入れるべきであろう。

ブランド・エクイティ（ブランドが持つ無形の資産価値）の評価をどのようにモニタリングするか？

ＣＥＯが、ブランド・マネージャーに対して、そのブランドの強さ、ステータスが上昇しているのか、堅調なのか、下降しているのかを問うことは大切なことだ。ブランド名を赤ん坊につける人がいるからといって、（たとえばハーレー、アップル、レクサス、ポルシェ、ペプシ、ロレックス、マルボロ、ソニーなど）、それはブランド力の証明とは言えないのである。また定期的にブランド想起、ブランド認知、ブランド知識、ブランドへの関心を測定するだけでも不十分である。顧客の知覚価値が上がっているのか下がっているのかを知るためには、ブランド・エクイティを決める鍵となるものと、それらの方向性を偏らないようにまんべんなく評価する必要がある。ブランド・ダイナミクスや他のシステムもあるが、前述のブランド資産評価バリュエーション（ＢＡＶ）を使うシステムがある。

ブランド・ビルディング（ブランド構築）とその制御におけるデジタル・インパクトは何か？

今やデジタル時代になり、デジタルツールはブランド構築とその制御にも多大な影響を及ぼしている。フェイスブック（Facebook）、ツイッター（Twitter）、ユーチューブ（Youtube）、リンクトイン（LinkedIn[20]）、などのソーシャル・メディアが顧客のエンパワーメント（権利拡大）に効果的だ。今日、顧客は、デジタル時代以前にはできなかったさまざまなことが新たにできるようになっているからだ。

- １人の人間が発信したメッセージが、１人、２人、そして何百万人もの多数の他者に届く。歌手のレディ・ガガの言動は５００万人にフォローされている。
- （スカイプのおかげで）、低価格または無料で複数の人がパソコンやタブレットで会話したり、チャットもできる。
- 消費者は、インターネットを使って、車（ＪＤパワーズ[21]）やその他の製品に関して、消費者レートを見ることができる。

- 消費者は、店舗で製品を見て値段を確認したら、携帯電話で他にもっと安い店がないのかチェックができる。その結果、電化製品の小売のベストバイは、今や店舗というよりもむしろショールームと化している。

上記のすべての事例が、販売者の側が宣伝で伝えていた一方的なメッセージは、消費者の購入過程において、もはや説得力を失いつつあることを示している。顧客のブランドに対する好き嫌いはネット上で簡単に見つかって、他の顧客の影響を強く受けるようになっている。

1つ重要な教訓があるとすれば、悪い口コミをすべて排除して自社製品の利点を常に強調できる企業はない、ということである。ユナイテッド航空に対して腹を立てた一人の顧客が「ユナイテッド・エアライン」というブログを立ち上げ、そこで同様の感情をもつ他の顧客がその体験談を投稿できるようにした。このように、どんなことでも企業の悪い行動は、広範囲に流されてしまう可能性がある。もはやブランドにも顧客の不満から解放される贅沢な時間は存在しない。しかし顧客側にとっては、素晴らしい結果が生まれるかもしれない。最終的にすべて

■訳者注

20　ビジネス向けに特化したSNSサービス。
21　アメリカの市場調査、コンサルティング会社。

の企業が顧客に対して約束を守る世界がやってくるかもしれないからだ。

デジタル時代のもう1つのメリットは、企業がその製品の改良において、顧客を巻き込んで、生産プロセス協働（*co-creating*）してもらうことができる点である。これはある意味では、顧客が自分の欲しいものをデザインできるようにする作業場として自社を位置づけるようなことである。会社はクラウドソーシングを利用して、インターネットで人々からアイデアを募集する。たとえば、トウモロコシ・スナック・メーカーのドリトス（Doritos）では、スーパーボウル２０１２用の宣伝広告で、同社のファンの顧客からアイデアを募集した。同社は「キャッシュ・ザ・スーパーボウル」というコンテストを立ち上げ、同社の持つ30秒間のテレビ・コマーシャル用のＣＭを顧客から募集し、何千ものアイデアが寄せられた。同社はクラウドソーシングで、一般大衆にトップ5を投票で選ぶように依頼した。アドメーター[22]では、二人の兄弟が1位となり百万ドルの賞金を得て、第21回ＵＳＡトゥデイ・スーパーボウル・アドメーターで、利用者が作成したＣＭが、プロの広告代理店が作成した作品を破り優勝した。また会社側には、このクラウドソーシングのアプローチを採用したことで、新たなメリットが生まれた。オンラインでそれぞれの応募作を見たユーザーがリンクを貼って友人に勧め、ソーシャルネット上で評判となった（こういう現象は、ウィルス・バズと呼ばれる）。投票は接戦となったため、同社は2つとも採用し、その2つともがスーパーボウルでのランキングで上位に入った。

結　論

強いブランドがあれば、事業がやりやすくなることに疑いはない。適切な名前、ロゴ、スローガンの開発が出発点になる。ブランドが強く（有名に）なれば、ターゲットとしたマーケットには、その製品が〝所有〟する言葉やフレーズが知れ渡るようになる。そうなったら、同じカテゴリー内の別の製品に同じブランド名をつけて発売できるようになるし、他のカテゴリーの製品や、他の産業にまで同じブランドを拡張することができるケースもあるかもしれない。しかしブランドの拡張には十分な注意が必要だ。ブランド・エクイティが上昇しているのか、堅調なのか、下降しているのかを見分けるシステムの開発が必要だ。またブランドは進化させていかなければ、魅力を失っていくことに用心しなければならない。「勢い（モメンタム）」とも呼ばれる活気ある差別化でブランドを充電（recharge）する方法を見つけ出していくことが求められるのである。

■訳者注

22　USトゥデイが行っているテレビ広告の調査。

質問

1　あなたの会社のブランドには、どんな言葉がつけられているのか？　そのブランド名から思い浮かぶ言葉を書いてみよう。好ましいものには丸を、好ましくないものは四角で囲む。好ましいがあまり知られてないものには下線を、自社独特のものには二重下線を引く。どんな言葉やフレーズがついて欲しいか？

2　自社のブランドロゴやスローガンに満足しているか、もっと良いものはないか、そして、強い視覚的アイデンティティが付いているか？

3　他のカテゴリーの製品に同じブランド名をつけることができるか、考えてみよう。

4　あなたの会社のブランドは、ブランド・ダイナミクスの、どのステージからスタートしたか？　それを上げるためには何ができるか？

5　自社のブランド・エクイティの上昇・堅調・下降は、どうやって見分けられるか？

6　ジョン・ジェルツエマとエド・リーバーは、『ブランド・バブル（*The Brand Bubble: The Looming Brand Crisis and How to Avoid it*（Jossey-Bass, 2008））』を出版した。著者は、数社の有名ブランドは鮮度を失い、投資家がこれを知りその株を売り、株価が低迷すると述べている。あなたの会社のブランドにはまだ新鮮さがあるか？　そうでなければ、どうやってそのくたびれたブランドに勢いをつけることができるだろうか？

第4章

新製品、新サービス、そして経験を革新して成長する

ほとんどのイノベーションは失敗する。
でも、イノベーションをしない企業は、死ぬ。

ヘンリー・チェスブロウ

あなたの組織では、過去5年間でどれだけのイノベーションをしてきただろうか？　新製品や新サービスを世に送り出してきただろうか？　それはフルモデルチェンジだったのか、単なるマイナーチェンジだっただろうか？　新しいビジネスモデルを開発しただろうか？　市場でもっと効果的に売るための新しいマーケティング技術を編み出しただろうか？　アップル（Apple）、サムスン（Samsung）、グーグル（Google）、ＩＢＭ、３Ｍ[1]などは、これらの問いに対してイエスと答えるだろう。これらの企業はみな、イノベーションを起こさないことはすなわち停滞であると知っている。イノベーションのない企業は、顧客にとって、流通業者やサプライヤー、そして企業内部の者にとっても、つまらない企業になってしまうだろう。企業を取り巻く関係者達は、このような企業には心を動かされないはずだ。

われわれは、「イノベーションか、死か」というフレーズをよく耳にする。これにはイノベーションを行うと、時として多くの時間を失うことがあるというジレンマが内在している。大きなイノベーションの成功は、いくつものイノベーションの失敗という犠牲を払って可能になったことを、身をもって知る企業がある。その解決方法はたくさんあるが、もちろん一番の解決策はスマートにイノベーションを成功させ、失敗しないことである。

■訳者注

1　スリーエム。アメリカ・ミネソタ州に本拠地を置く世界的な化学・電気素材メーカー。

イノベーションを企業内部のＤＮＡとして取り込み、イノベーションを奨励したり、報奨を与えたりする組織文化をつくった企業からは多くのことを学べる。３Ｍは、60カ国もの国で、粘着剤、研磨剤、医療製品、電子回路、光学フィルムなど、多くのカテゴリーでイノベーティブな製品を製造する多角化企業であるが、従業員が知的に、かつリスクと報奨のバランスを取りながら、イノベーションに取り組めるように、手順や決まり、プロセスやインセンティブ、そしてツールまで開発してきた。

イノベーターになるには、（自社から見たら）クリエイターであるとともに、（他社から見たら）破壊者であらねばならない、ということを肝に銘じなければならない。なぜなら、競争に負けそうな企業は、素早く守りの体勢をとるからだ。イノベーターにとって、この守りを予期することが重要である。守る側の企業が他社にイノベーションを成功させないような手立てを取れる場合、マス市場に対して行うイノベーションには意味がない。たとえば、Ｐ＆Ｇはほとんどこのような攻撃に晒されることはない。なぜなら、仮にＰ＆Ｇでは、新しい洗剤が発売されるという話を耳にしたら、すぐさま価格切り下げを行ったり、小売店頭の棚へ自社製品を積み上げ、イノベーターが割り込んだり成功したりする隙をほとんど与えないからである。

あなたの組織は次の問題を自問する必要がある。

1　なぜイノベーションをするのか？
2　自社のイノベーションのレベルと質をどのように評価するのか？
3　社内にどのようにイノベーティブな考え方を植えつけるのか？
4　どこで、イノベーションのアイデアを得ることができるのか？
5　どのようにイノベーション・プロセスをつくるのか？
6　より良い成長のアイデアを得るために、創造的なツールをどのように使うか？
7　イノベーションと発売のための資金を、どのように集め、増やすのか？

なぜイノベーションをするのか？

業績は良いが、市場や顧客、競合、サプライヤー、流通で大きな変化に直面している企業を想定してほしい。競合企業は低コストで製造するために中国へ進出したり、あるいは逆に中国の競合企業が進出したりしてくることもあるだろう。国内の競合企業が、あっと驚く新製品をつくり出し、技術の急激な変化を目の当たりにすることもある。たとえば携帯電話におけるＲＩＭ[2]のブラックベリー（BlackBerry）は、アンドロイド（Android[3]）の技術に深刻な欠陥があったため、アップルの iPhone に携帯電話の大きなシェアを取られてしまった。

これらのことは、企業にとってますます愉快でない事実になるだろう。というのは、自社でイノベーション・プロセスをつくろうにも、何の術もないからである。そしてイノベーションできないことは、企業にさらなるリスクを押し付けることになる、と気づくだろう。ソニー・システム技術研究所の所長である藤田雅博は、次のように言う。

「イノベーションを起こさないことのリスクは、イノベーションを行うことのリスクよりも大きい」[原注1]。顧客と同様、従業員やパートナー（流通業者、小売、サプライヤーなど）にも、もっとイノベーティブな思考をしてもらうにはどうすればいいのか、の理解をしないといけない。

自社のイノベーションのレベルと質をどのように評価するのか？

ケロッグ（Kellogg）やクラフト・フーズ（Kraft Foods）、キャンベル（Campbell）などの企業[4]は、膨大な数の商品を扱っており、商品の改良や新しいアイデアについて継続的に取り組まなければならないことをよくわかっている。それゆえに、キャンベルのスープ部門はスープの最近のトレンドや味の傾向を常にチェックしている。彼らはたとえば、レギュラーのトマトスープに加えて、クリーミーなトマトスープを製品として追加投入した。仮にアイデアの市場テストがうまくいったならば、アスパラガス味のスープでも同じようにクリームタイプを投入するかもしれない。

商品を新しく発売するには、新しいフレーバー、新しいパッケージ、新しい広告、新しい流通、新しい価格のすべてが必要となる。キャンベルは既に経験があったので、コンセプト開発や市場テストのやり方を知っており、新発売に向けてすべての準備をした。また、損益分岐点と投資収益率（Return on Investment：ROI）を決めるのに必要なビジネス上の分析も行っていた。この意味において、キャンベルのような会社は、イノベーションを日常化している、といえる。

しかし、これは漸進的なイノベーションであり、ブレイクスルーを起こすようなイノベーションの事例ではないことに注意しておくことが重要である。ブレイクスルーを起こすようなイノベーションは、リスクが高い―幸いにしてリターンも大きいが。これは、もし仮にキャンベルが、スープの全く新しいパッケージングのシステムや、カロリーゼロのおいしいスープを

■訳者注

2　カナダの通信機器メーカー。スマートフォンのBlack Berryで知られる。

3　スマートフォンやタブレットＰＣ等のタブレット情報端末をメインターゲットとして開発されたプラットフォームで、スマートフォン用ＯＳとしてのシェアは日本、アメリカで１位である（２０１１年現在）。

4　３社ともアメリカの巨大食品会社。ケロッグはコーンフレーク、穀類加工食品製造においてはトップクラスの規模をもつ。クラフトフーズは食品・飲料会社としてはネスレ・ペプシコにつづく世界第３位の規模を誇る。キャンベルについては本文を参照。

思いついたら何が起こるのか、ということである。キャンベルは、競合企業が新しいパッケージ手法のスープを開発することに絶えず気を配っている。漸進的なイノベーションにおいては、キャンベルはこのように優れているとしても、革新的なブレイクスルーを起こすようなイノベーションという意味では、大してよい事例ではない。

イノベーションが起こるのは、製品に限られた話ではないことも肝に銘じなければならない。それゆえ、キャンベルは既存の枠を取り払って、ビジネスを立ち上げる必要がある。スターバックス（Starbucks）のビジネスモデルのような、栄養価の高いスープ・ショップを開くというアイデアはどうだろうか？　店の雰囲気は温かくフレンドリーで、スタッフは明るく親切で、好きなだけ席にいて31種類のスープが楽しめる。あるいは、違う展開として、何種類かの温かいスープが飲める自動販売機を展開する、という方向性も考えられるかもしれない。

ブレイクスルー型のイノベーションを起こすというのは切なる願いである―しかし、多くの企業では、滅多に起こらない。それはデザインの変更や使用する原料を単に変えてみるということではないからだ。ブレイクスルー型イノベーションは、新しいプラットフォームを介して行われる―iPadやiTunes、ハイブリッドカーなどが好例である。これは、多くの新製品を世に生み出す新しいプラットフォームになる。

クラフト・フーズの数年前の新社長だったアイリーン・ローゼンフェルド（Irene Rosenfeld）

は、製品の成長と利益が目標まで達成されたなら、新たな追加的収入を生むような、新製品や新しいプラットフォームを立ち上げる必要がある、と語った。ローゼンフェルドは、巨額の収入を生みだすような新しいアイデアを探すために、いくつかのチームを立ち上げた。彼女は常に超ベストセラーの新薬を探索している製薬業界から刺激を受けていた。毎年の収益が少なくとも25億ドルを約束されているような新製品のアイデアを、現実的に探すようなチームをどうやって立ち上げるのか、というのは、とても興味深い課題である。食品業界では、10億ドル以上の収益をもたらすアイデアよりも、25億ドルを稼ぎ出すアイデアのほうが、その辺にころがっているものだ。

洞察力に富んだビジネス・パーソンたちの構想力のおかげで、われわれは多様な産業での主要なビジネスモデルのブレイクスルーを考察してきた。図表4－1に、それらのいくつかをリストアップしておこう。

これらはすべて、新しい製品、サービス、経験、供給システムについて先見の明があったものである。そして同様に、これらは古く成熟していた産業を進化させたということにも注目してほしい。ボディショップは、動物実験を行わず、環境に配慮したパッケージで、というスキンケア製品の新しい販売方法を開拓した。ＣＮＮは1日24時間、1週間7日間、休みなしにニュースを伝える放送局であった。イケアは、良い品質の家具を、ＤＩＹによる組立てとレストランやデイケアセンターを店舗に備えることで、画期的なコストダウンを実現した最初の家具会社である。チャールズ・シュワブ・コーポレーションは、１９７５年に割引手数料を提供し、世界でもっとも大きなディスカウント・ブローカーの1つとなった。24時間見積もりを、初めて実現した会社であった。スターバックスは、立地のいい場所と家賃なしの場所で、古いタイプの製品であるコーヒーを新しい方法で販売した会社である。これらの企業の成功物語はすべて、ターゲットとする消費者に向けて、新しい価値を生みだす方法をいかにして思い出したのかは、傾聴に値する話である。

最後の例を簡単に紹介しよう。レオナルド・リッジオが開いたバーンズ・アンド・ノーブル・ブックストアの事例である。伝統的な本屋とは、どういったものだろうか？ お店に入って、棚に並べられてある膨大な本の間を、あてもなくさまよって、時々それらのうちの一冊を手にとって開いてみる。ほとんどは棚に戻すことになり、ふたたび店内を移動する。その間中ずっと座る場所があればいいなあ、と思っている。ついにそれにも疲れて、一冊も本を購入することなく店を去る、という感じだ。

そこで１９７１年、レオナルド・リッジオは、郵便で注文するタイプの本屋を開業して成功し、つづいて大学の書店チェーンも開業した。レオナルドはニューヨーク市にあったバーンズ・アンド・ノーブルという経営の傾いていた本屋を買収し、15万冊もの書籍を所蔵するまで

〔図表4-1　マーケティング・ビジョナリーズ〕

- アニタ・ロディック（Anita Roddick）：ボディショップ（Body Shop[5]）
- フレッド・スミス（Fred Smith）：フェデックス（Federal Express）
- スティーブ・ジョブズ（Steve Jobs）：アップル（Apple）
- ビル・ゲイツ（Bill Gates）：マイクロソフト（Microsoft）
- マイケル・デル（Michael Dell）：デル・コンピュータ（Dell Computer）
- レイ・クロック（Ray Kroc）：マクドナルド（McDonald's）
- ウォルト・ディズニー（Walt Disney）：ディズニーランド（Disneyland）、ウォルト・ディズニー・ワールド（Walt Disney World）
- サム・ウォルトン（Sam Walton）：ウォルマート（Walmart）
- トム・モナガン（Tom Monaghan）：ドミノ・ピザ（Domino Pizza）
- 盛田昭夫：ソニー（Sony）
- ニコラス・G．ハイエク（Nicolas G. Hayek）：スウォッチ（Swatch Watch Company）
- ギルバート・トリガノ（Gilbert Trigano）：クラブ・メッド（Club Mediterranee）
- テッド・ターナー（Ted Turner）：CNN
- フランク・パーデュー（Frank Perdue）：パーデュー・チキン（Perdue Chicken[6]）
- リチャード・ブランソン（Richard Branson）：ヴァージン・グループ（Virgin[7]）
- 本田宗一郎：ホンダ
- ルチアーノ・ベネトン（Luciano Benetton）：ベネトン（Benetton）
- チャールズ・ラザルス（Charles Lazarus）：トイザらス（Toys 'R' Us[8]）
- レス・ウェクスナー（Les Wexner）：ビクトリアズ・シークレット（Victoria's Secret[9]）
- カーネル・サンダース（Colonel Sanders）：ケンタッキー・フライドチキン（Kentucky Fried Chicken）
- イングバード・ケンパード（Ingvar Kamprad）：イケア（IKEA[10]）
- ハワード・シュルツ（Howard Schultz）：スターバックス（Starbucks）
- チャールズ・シュワブ（Charles Schwab）：チャールズ・シュワブ（Charles Schwab[11]）
- フィリップ・ナイト（Philip Knight）：ナイキ（Nike）
- レオナルド・リッジオ（Leonard Riggio）：バーンズ＆ノーブル・ブックストア（Barnes & Noble bookstores）

に規模を拡大した。それは典型的な本屋の何倍もの規模であり、そこにたっぷりのイスやテーブルを置いた。彼はペストリーやスターバックスのコーヒーを売るコーナーもつくり、一週間、土日も含めて朝9時から夜11時まで開店した。また、夜には著者を招いたり、音楽の企画などを催したりした。レオナルドは単に本屋を経営したのではなく、本屋というコンセプトを再開発したのである。

しかしここにもう1つ、再発明の事例がある。それは、ライフ・サイクルは有限だ、という話である。すべてのイノベーションは、結局、淘汰をもたらす破壊的技術に直面することになる。バーンズ・アンド・ノーブルは、アマゾンや電子書籍技術に優位を占められている。オンラインでの書籍販売時代に、店舗での書籍販売（bricks-and-mortar retail）[12]を想定した小売モデルはもはや適合しなくなっている。そのブランド力は電子書籍競争ではアマゾンのキンドルとの競争にすでに敗れ、収益は下降を続けている。その現在のビジネスモデルを、時代の先端を行くモデルに変化させることができるだろうか？　あるいは、ボーダーズ[13]やブロックバスター社[14]と同じ運命をたどることになるのだろうか？　イケア、ウォルマート、トイザらスといったイノベーティブな小売システムですら、新しい破壊的イノベーションの脅威に晒されているのである。

また、増え続けるマーケティング・イノベーションについても注意が必要である。図表

４－２のマーケティング・イノベーションのリストを見て欲しい。

これらの多くは長い時間がかかってできあがってきたものである。しかし今もなお、新たなマーケティング・ツールが出現し続けている。グルーポン（Groupon）はそれらのうちでも、もっとも新しいものである。そのビジネスモデルは単純で、それぞれ異なる地域の小売や地域

訳者注

5　イギリスのウェストサセックス州に本拠地を置く化粧品メーカーで環境や動物保護などの地球問題に熱心な取り組みをしている企業として知られる。２００６年には化粧品の世界的企業ロレアル（フランス）に買収されて傘下に入っている。

6　アメリカ・メリーランド州に本拠地をもつ鶏肉処理会社。

7　会長のリチャード・ブランソンが興した中古レコードの通信販売会社が始まりであるが、現在は低価格と高サービスを売りに音楽、金融、航空旅行、映画、鉄道など多くの分野に進出しているイギリスの企業。

8　アメリカに本拠地を置き世界展開している玩具大量販売量販店チェーン。

9　アメリカの下着・婦人服・香水のリテールブランド。店舗もあるがカタログ通信販売に力を入れている。

10　スウェーデンの世界最大の家庭向け家具メーカー。

11　サンフランシスコに本拠地を置くアメリカの仲介・銀行業の会社。

12　日本語では煉瓦と漆喰でつくった小売店という意味。つまり、実際の店舗での販売ということで、ｅコマースのことを指すclick-and-mortar（ネット販売と店頭販売の意）のもともとの語源。

13　ボーダーズ社はアメリカ・ミシガン州に本拠地を置く国際的な書店チェーンであったが、２０１１年に破綻した。過去フォーチュン５００にあげられる企業でもあり、過去はバーンズ・アンド・ノーブルに次ぐ2番目に大きな書店チェーンでもあった。

14　ブロックバスター社はアメリカに本拠地を置くビデオとゲームのレンタル会社。インターネット動画サービスや宅配形式のＤＶＤレンタル店の台頭で経営が悪化し２０１０年に破綻した。

〔図表4－2　主要なマーケティング・イノベーション：新旧〕

- メールオーダーカタログとダイレクトメール
- 小売におけるセルフサービス
- クレジットカード、返金、ゼロ金利ローン
- リピーター優遇制度
- クーポン
- 商品券
- プラットフォームとしてのブランドの使用（ヴァージン・グループ）
- 製品のカスタマイズ化（ナショナル自転車会社：日本の自転車のカスタマイズ製品）
- ＴＶ生放送での電話通販
- 月ごとの、書籍やフルーツなどの販売（あるいは他の定期購買）
- 低価格で広いカテゴリーの製品を取り扱うハイパーマーケット（カルフール、コスコ[15]）
- 一つのカテゴリーに集中したカテゴリーキラー（ペッツマート[16]、トイザらス）
- 同じチェーンの中で異なるタイプの店舗を展開（ベストバイ[17]）
- 店舗での顧客専用レーン（ターゲット、ミッシェル・グレイブス、マーサ・スチュワート[18]）
- 保証書
- ｅコマース
- グルーポン[19]やその他の団体購入制度

のサービス業者に対する、「クーポン」が1日1回、提供されるというものである。仮に想定していた人数以上がその提供に対して集まれば、彼らは製品やサービスを、より割り引いた価格で手に入れることができる。いくつかのディスカウント・サービスに関しては、何人集まろうとも関係ない、というものまである。グルーポンのキーポイントは、近くに住んだり働いたりしている人を束ねることで、地域の小売店に利益をもたらす、というものである。グルーポンの成長は急速であったため、査察の3年後にＩＰＯ（未公開株）が発行され、その時価総額は２０１２年７月時点で47億８０００万ドルに達している。

　グルーポンのような企業は、他社が自らに問い直す機会を与えているようなものだ。つ

まり、自社はこれまで、製品、サービス、経験、アイデア、流通、ネットワーク、マーケティング・インセンティブの分野でイノベーションを起こしたことがあるのだろうか、という問いである。主な競合他社よりもうまくできただろうかとか、これらのイノベーションはどの程度成功したのかといった具合である。

そしてイノベーションが、ほとんどか全く見当たらなかった場合、何が障害となっているのかを問わねばならない。多くの場合、その答えはそれまでの成功、である。第一に、既存産業で成功を収めているがゆえに、最新の製造技術に多くの資金を投入し、既存技術と食い合いを

■訳者注

15　カルフールはスーパーマーケットチェーンを世界展開するフランス企業。コスコは日本ではコストコとよばれることが多い。アメリカに本拠地を置く会員制倉庫型卸売小売チェーン。入荷したままのパレットに乗っている商品を大型の倉庫でそのまま販売することで、管理や陳列に関するコストを徹底的に抑えるコンセプトである。

16　アメリカ、カナダ、プエルトリコなどで展開するペット洋品店チェーン。ペットホテルサービスや美容サービスも提供しており、ペットに特化している。

17　アメリカ・ミネソタ州に本拠地を置く世界最大の家電量販店。

18　ターゲットはアメリカに本拠地を置くディスカウント百貨店チェーン。ミッシェル・グレイブスはターゲット社とコラボレーションして出しているブランド（ミッシェル・グレイブスは有名な建築家で、ターゲットはコラボレーションで彼の名のブランドを出していた。本企画は２０１１年で終了）。マーサ・スチュワートは、カリスマ主婦として知られた実業家マーサ・スチュワートが運営するオリジナルブランドの小売店。

19　共同購入型クーポンサイトを運営する米国企業。世界展開している。

するような技術には、投資をしたがらないからだ。この抵抗を、現職の呪い（the Incumbent's Curse）と呼ぶ。それは既存のものとのカニバリゼーション（共食い）を避けようとする姿勢のことである。これを恐れる企業は、誰かが同じことをするというリスクを最小化しようとする。そして結局は、自分自身を食い尽くすことになる。

第二に、新技術は、期待するような利益をもたらすかどうかはわからない、ということである。あるいは、利益を生むには少し時間がかかることがある、ということでもある―そして利益を生むまでの期間は、利益は普段よりも少なくなってしまう。これは役員、株主、従業員、顧客との間に不和をもたらすだろう。なぜなら、現在の高い収益と支配的地位を、リスクにさらすことになるからである。すばらしい新しいアイデアを発見することそして変化することは、変化しないことよりもリスクが少ない、と他者を説得するリーダーシップが求められる。

社内にどのようにイノベーティブな考え方を植えつけるのか？

従業員やチャネルパートナーをよりイノベーティブな考えをもたせるようにするために刺激するにはどのような手順を踏めばよいのだろうか？

その第一歩は、ＣＥＯが、イノベーションは企業の成長戦略の主要な要素である、と宣言して、役員と上級管理者を説得することである。ＣＥＯは、一度は新しい技術に対して投資することへの説得に成功するかもしれない。もちろん、継続的なイノベーションが重要だと説得するのは、さらに難しいことだろう。しかし、変化が激しい今日、利益を出し続けるには、継続的なイノベーションを行うことだけが、唯一の頼みの綱なのである。

仮にＣＥＯがイノベーションの説得に成功したとして、次にとるべきステップは、企業内にイノベーションという新しい文化を浸透させることである。これは新製品担当役員、イノベーション担当役員、事業開発役員などの肩書きをもつ上級管理者によって行われる。企業はこの新しい取組みを納得させるような手順、プロセス、インセンティブを用意しなければならない。グーグル、アップル、３Ｍのような企業は、金銭面（たとえばボーナス、昇給、昇進）、リフレッシュ休暇などの報奨、アップル製品の大幅割引や、休暇の増加、イノベーション・チャンピオンやアイディア・フェア、リサーチ・コンペでの表彰などを含めて、さまざまなインセンティブを用意している。通信会社のノキア[20]では、少なくとも10の特許をもつエンジニアはＣＥＯが主催するクラブ10に招かれ、毎年、公式な報奨セレモニーにおいて表彰される。

イノベーションに貢献した従業員がきちんと報奨されるのは当然として、他方で、失敗に対

■訳者注

20　フィンランドの電気通信機器メーカー。

してはペナルティーを科してはならない。イノベーターの失敗に対してペナルティーを科す企業は、リスクをとる行動の邪魔をしているのだ。それはイノベーションの過程では、失敗は避けられないものであり、失敗から学ぶことが非常に大切だからである。デビッド・ケリー（David Kelly）はＩＤＥＯ[21]というデザイン会社のＣＥＯで「早期の失敗と頻繁な失敗」を従業員に奨励している。Ｐ＆Ｇのような良く知られた企業ですら、80％もの製品は失敗に終わっているのである。

どの企業でも、イノベーションを担当する役員は、多くの他企業が、新しいアイデアを発案してから成功するまで改善してきた方法を研究しなければならない。単に奨励するだけのチアリーダーではないので、それ以上のことをすべきである。つまり、他の成功企業が社内にイノベーションの考え方を取り入れた方法を研究することである。即効性のある手立てというものはないが、イノベーションを担当する役員は、他の成功企業がとった手順を学ぶことから得るものがあるだろう。

イノベーティブな考え方を自社内に取り入れる、４つの方法をここで挙げておこう[原注2]。

１　内部のスタッフをクリエイティブな手法でトレーニングする。

２　よりクリエイティブな経歴を持つ人物を新たに採用する。

3　上司にアイデアを伝える定期的な機会を設ける。

4　他の組織から創造性を調達する。

クリエイティブに育つように教育する：ワールプール・コーポレーション社[22]

第1は、人をクリエイティブに教育するのは上手くいきそうな方法である。なぜなら、人は逆に、創造性というものを教えたり開発したりすることができるからである。２０００年に、ワールプール・コーポレーション（The Whirlpool Corporation）は、より大規模なイノベーションを起こそうと乗り出した。同社はさまざまな部門から４００人の従業員を選出し、アイデア化の手法をかなりの種類、トレーニングした。そのことで彼らは、イノベーションの視点をもって、通常の業務をこなさなければならなくなった。それまではほんの一握りの新製品しか出せていなかったが、それ以来、ワールプール社は、新しい設備、作業台、ガレージの貯蔵システムなど

■訳者注

21　アメリカ・カリフォルニア州に本拠地を置くデザインコンサルタント会社。製品、サービス、環境、デジタルエクスペリエンスのデザイン支援を行っている。アップル社の設計でも有名で、主な顧客にP&G、ペプシ、マイクロソフトなどがある。

22　アメリカ・ミシガン州に本拠地を置く、いわゆる白物家電の大手企業。インドや中国への展開を活発化させている。

非常に成功したグラディエーターの製品ライン（Gladiator line）も含めて、1年で何十種類もの新製品を市場導入できるまでになった。

スポーツ、芸術などの分野では、他の人よりも明らかに能力の高い人がいるのは確かである。しかし、ほとんどの人間（たいていは、高い教育を受けた人たちであるが）が、イノベーションを起こすには、最小限のレベルの創造性が要求されるということもまた、納得できる話だろう。クリエイティブな視点と役割を、明確に定義するというイノベーション・プロセスに加えて、アイデアを創造するための効果的なツールとテクニックが必要である。クオリティ創造技術と、アイデア創造ツールは、われわれがクリエイティブになることを支援するだろう。

組織にクリエイティブな人材を迎える：サムスン　第2は、真にクリエイティブな経歴の人材を組織に迎え入れることである。サムスン電子の事例では、サムスンは１９９８年にバリュー・イノベーション・プログラム（略してＶＩＰ）センターをつくった。このセンターは、サムスンの戦略上の資源を改善するための部門横断的なチームである。このチームはＴＶ製品を改善するために、また別のチームは携帯電話を改善するための業務を行う。２００３年には、当センターは80ものプロジェクトを完遂した。サムスンはまた、毎年バリュー・イノベーション会議を開き、ベスト・イノベーターに対して表彰も行っている。サムスンのブランドは今や、売上において世界でもっとも大きなテクノロジー企業であるが、サムスンは既に、さらに次の5つの分野で、イノベーション・チームを稼働させるための200億ドルの追加投資を決めている。ソーラーパネル、省力LED、医療機器、バイオ製薬と電気自動車バッテリーの各分野である。

「クリエイティブな人」とは、どのような経歴なのか？　クリエイティブな人の性質に関しては、これまでさまざまな議論がされてきた。多くの人々が、パーソナリティの構造や歴史上もっともクリエイティブに富んだ人の心理を分析してきた。図表4－3はクリエイティブな人物に関する主要な見解をまとめたものである。

従業員に上司へのアイデアを披露する定期的な機会を用意する：シェル・オイル[23]の事例

3つ目の方法は、上司に自分のアイデアを正式に表明する機会をつくることである。1996年、シェル・オイルは、社内から出た型破りなアイデアに200万ドルの予算を配分するプログラムを実施した。これは年に一度、上級管理者が観客となり、イノベーティブなアイデアを自発的に提案する従業員の発表を聞く。それぞれパワーポイントを使用したスライドで10分の

■訳者注

23　オランダ・ハーグに本拠地を置く、世界第二位の石油エネルギー企業。

〔図表4－3　クリエイティブな人に関する主要な見解のまとめ〕

クリエイティブな人材が不足している場合、あるいは組織内のクリエイティブではない人物を特定したい場合、どんなプロフィールが参考になるのか、を知る必要がある。イノベーションの過程で、どんな潜在能力をもつ人材がクリエイター（創造者）になるのか、どうやったらわかるだろうか。その種類は異なるが、このリストはクリエイティブな性質をもつ人物の特徴、性質、共通した能力がどんなものなのかを理解するのに役立つ。またこれは、クリエイティブな人々が創造的活動を行うときに感じる感覚や感情についての情報を含んでおり、これらからも、クリエイティブ・パーソンがどんな人物であるか、理解ができるだろう。

クリエイティブ・パーソンの特徴

創造性という分野での専門家であるギルダ・ワイスバード（Gilda Waisburd）によると、クリエイティブな人物の特徴は以下のようになる[原注3]。

- 柔軟性がある（わからないことにも進んでいく）
- 流動性がある（問題を解決するための多くのアイデアを生み出す）
- 念入りである（詳細にわたるまで仕事の範囲を広げる）
- あいまい性に対する耐性がある（コンフリクトに対して持ちこたえられる）
- 全体を見渡すことができる（体系だったアプローチができる）
- 探求的である（いろんな分野に興味がある）
- 他者の関心に対して敏感である（他者のニーズを理解している）
- 好奇心がある（ものごとを楽しむことが好きである）
- 自主性がある（自分自身のアイデアを考える）
- 熟慮的な性質である（見聞きしたものについてよく考える）
- 行動派である（思考やアイデアを推進する）
- 集中する能力がある（一貫した態度で仕事をする）
- 忍耐力がある（すぐに投げ出さない）
- ものごとにコミットする（ものごとに巻き込まれることをよしとする）
- ユーモアのセンスがある（人を笑わせたり、物事の展望を見

通したりするためにユーモアを使う）

個人の資質

フランク・バロン (Frank Barron)、ハワード・ガードナー (Haward Gardner)、カルバン・テイラー (Calvin Taylor)、ロバート・スターンバーグ (Robert Sternberg)、E. ポール・トーランス (E. Paul Torrance)、ロバート・ヴェイスバーグ (Robert Weisberg) らは、創造性に関する理論から特徴を抽出し、クリエイティブな人々には次の特徴があることを示した[原注4]。

- 流暢に話す
- IQ が高い
- 想像力が豊か
- 他者やその環境に影響力がある
- リスクをとれる能力がある
- 解決すべき問題に正しく興味を持っている

クリエイティブな人々に共通する資質

- 隠喩（メタファー）を使う
- イメージを使う
- ロジックを使う
- 観察する事項に対し、なぜ、と問う

感情

クリエイティブな人々は、自分のすることに対してや、困難にぶつかって物事が簡単に運ばなくなった時も、情熱的である。彼らは時間は有限であることを知っており、自身の潜在能力やエネルギーを開花させる。彼らにとって創造性とは過去や未来を忘れさせてくれる経験であり、時間を超越して現在に浸ることで、自己実現する。

表明

われわれがクリエイティブな人だというのは、組み合わせや統合を思いつく能力をみせた時である。創造性というのは、新しい方法で、アイデアを関連づけたり結合したりする能力においてみられる。また、アイデアを分解してその構成要素をみる際にも創造性がみてとれる。

プレゼンを行い、15分の質疑応答を経て、上級管理者は、それらからベストアイデアを選ぶ。ここで承認を得られたアイデアは、それを煮詰めるために、さらに10万ドルから60万ドルの予算が与えられる。１９９６年に12チームのうち4チームが、アイデアを次の段階へ移行させるための、６カ月分の資金を獲得した。１９９９年のシェルの５つの大成功のうちの４つがこの上級管理者会議で出てきたアイデアによるものである。

アイデアが次々と湧いてくるので、経営側はアイデアを出すために特別な会議を用意する必要がない、という企業がある。トヨタは全社的に―マネジメント、技術者、事務職員、工場労働者すべての従業員が―顧客の要望、利便性、安全について常に考えることを求めている。トヨタは実際、２００万ものアイデアを出すよう従業員たちに要求しており（これは従業員１人が35個のアイデアを出すという計算になる）、実際85％の従業員が実行している。トヨタはシックス・シグマでのトータル品質管理（ＴＱＭ）、ジャスト・イン・タイム生産方式、日々の改善（Kaizen）、そしてリーン生産方式などの数々の新しい生産方式を生み出してきた。結果として、それらの生産方式は、トヨタ自身のためになっただけではなく、同生産方式を採用した数え切れないほどの他の組織の成功に役立った。たとえば、ハーバードの有名なケースで、ディーコネス・グローバー病院（Ａ）[24]は、トヨタ生産方式（ＴＰＳ）で使われている方法や考え方に従って病院経営を行ったことが詳細に記述されている原注5。

外部のアイデアの利用：アップル社　４つ目の方法は、創造性を外部から調達する方法である。アップルは周知のように創造性で高く評価されている企業である。しかし特定の分野では、外注に頼っている。アップルは製品の設計では、ＩＤＥＯという数々の賞を受賞している企業と連携をとっている。アップルは製品の設計を企業内部でも行ってはいるが、ＩＤＥＯのレベルまでは到達できないことを知っているからである。アップルのiPhoneとiPadの成功はアプリケーションを外注していることにある。アップルといえども、このすばらしい機能をこれほどたくさん設計することは、社内ではできなかったのである。

創造性はイノベーションの原動力であるため、クリエイティブな部分を外注するという決断は軽々に決めるべきものではない。どんなサプライヤーを選ぶか、どの程度の信頼性をもとめるか、単純な外注契約を結びたいのか、あるいは長期契約を考慮に入れているのか？　このような問いを、イノベーションを外注するかどうかを考える際に自問しなければならない。

■**訳者注**

24　ボストンの病院。学習・教育機関としても充実しており、地域にも良質の医療サービスを提供していることで知られる。１９９６年に、通りの向かいにある経営が悪化していたハーバード大学系の総合病院であるベス・イスラエル病院と合併しＢＩＤメディカルセンターとなっている。

また現在進行中のアイデアの創出で、外部の代理店ネットワークをつくることで、コラボレーションという形式での外部調達をすることもできる。P&Gは伝統的な「リサーチ&ディベロップ」アプローチの代わりとなる「コネクト&ディベロップ」アプローチ（社内の資産やノウハウを社外で活用してもらってビジネスに結び付けようとする手法）でも有名になった。そのオープン・イノベーション・プログラムは、新鮮かつ革新にあふれた製品アイデアを生み出すために、P&Gの起業家やサプライヤーのネットワークを世界中に拡げたものである。P&Gの収入のうちおおよそ35%は、このプログラムから得ている。このコネクト&ディベロップ・アプローチで開発された有名な製品はオーレイ・リジェネリスト（Olay Regenerist）、スイファー・ダスター（Swiffer Dusters）や、クレスト・スピン・ブラシ（Crest Spin Brush[25]）などがある。P&Gは、自社にアイデアを供給させて、自社内で開発できるように、イノベーター達の外部ネットワークを複数つくった。ナインシグマ社を含むこれらのネットワークは、科学者、大学、政府、私立研究所と企業を結び付けている。例として、YourEncore[26]はリタイアした科学者や技術者とビジネスをつなげ、yet2.com[27]は知的財産のオンラインマーケットプレイスである[原注6]。

どこで、イノベーションのアイデアを得ることができるのか？

新しいアイデアを得るには、次の2つの考え方がある。第1は、通常業務を行っていると、企業にはアイデアが集まってくる、という考え方である。企業は顧客に提案したり問題点について尋ねたりすると、そこからインスパイアされて、従業員がアイデアを思いつく、というものである。あるいは、たとえば研究開発室がそのプロジェクトで動き出してくれるかもしれない。営業マンは顧客を訪ねてアイデアを集め、上級管理者は、ビジネス誌や経営管理の記事を読んで何かコンセプトを思いつくかもしれない。

訳者注

25 Olay（オーレイ）はP&Gのスキンケアラインである。Regenerist はケミカルピーリングやレーザー手術なしに肌再生を手助けするクリームと謳われている。Swiffer Duster（スイファーダスター）はP&Gが欧米で販売する掃除用具。ハンディワイパーが主力商品。Crest Spin Brush（クレスト・スピン・ブラシ）はP&Gの子会社マックスファクターから発売されている歯垢を除去するとされる歯ブラシ。

26 ２００３年にP&GとLillyによって設立された。近年に退職した専門家にスピーディーかつ柔軟にアクセスできるようにしたものである。現在は約70もの食品、生活用品の会社に対して派遣しており、７５００名の専門家や起業家を抱えている。http://www.yourencore.com/about-us.aspx

27 １９９９年に無形資産の活用・促進を目的として設立されたグローバルなテクノロジーのマーケットプレイス。技術移転市場を活性化させることでROIを高める支援をする。

もう1つは、このような方法ではアイデアは生まれてこない、という考え方である。企業は新しいアイデアを集め、それを評価する公式システムを取り入れる必要がある。われわれはこのような考え方を支持する。従業員がブレーンストーミングした内容を上司と共有する、という例を思い浮かべてみよう。アイデアは面白いがリスクがある、だから会社には却下されるだろうと上司に言われてしまう、といった話である。そこから導き出せるメッセージは明らかである。「そのアイデアについて考えることで時間を無駄にしないで、仕事にもどれ」ということだ。こういったことは、われわれが考える以上にあちこちで起こっている。上司の多くは、良いアイデアを殺してしまう。それは、部下には日々の仕事に集中して欲しいと思っているからである。

しかし、企業はマーケティングの2つの部門から、大きな利益を得ている。既存商品の販売に関する大きな戦術集団からと、現在の成果に関係なく、これから5年先のことを自由に考える小さな戦略集団からである。この小さな部門には、たった1つの使命がある。それは、3年から5年先に市場がどのようになっているかを予想し、その情報から、企業にとってこれからどのような機会があるかを考えることである。

ＧＥの家電グループは、数年前に、社会学者のネルソン・フート（Nelson Foote）がこの先5年間でキッチンがどのようになるだろうかと考察したときに、これを実践した。それは、

〔図表4－4　新しいアイデアの主要なソース〕

内部ソース	外部ソース
マーケティングリサーチ部門	顧客
研究開発の人材	流通業者
営業部の人材	競合他社
従業員の提案	サプライヤー
事業開発部門	政府やNGO

キッチンには大小あるにせよ、新築住宅が建てられるごとにそのスペースは大きくなるかどうか、という問いであった。冷凍食品市場が成長するにつれ、それに対応するために、より大きな冷蔵庫が必要となるだろうか？　家で食事をすることが今よりも増えるだろうか？　そのために、もっと大きな食洗機や冷蔵庫が必要となるだろうか？　当時、明らかにそのような傾向が見られた。あるいは、少なくともこれらの問いが、GEの管理者に対して、新たなビジネス・チャンスや可能性として、心を開かせているようであった。

企業は、どこからアイデアが生み出されるか、広い視点をもつべきである。図表4－4のリストは外部資源と内部資源双方における、主要なアイデアの源泉である。

これまで企業内部からアイデアを得る方法を既にみてきたが、企業は、企業内の人材から新しいアイデアを得る際に、それらのうちの1つにだけに頼ったり、あるいは1つに過剰に頼ったりしてしまうというミスを犯してはならない。このようなあり方は、あまりにも似通った考え方ばかりになったり、かりにうまくいったとしても、大部分が漸進的な改善しか起こらないことになったりしてしまう。だから企業はニーズやトレンドに関して、外部の視点を取り入れる必要がある。

アイデアの主要な源泉としての顧客　ほとんどの企業は、新製品の開発過程で、顧客を巻き込んだアプローチを改善していかなければならない。過去、企業は、これらを全くもって彼ら自身（企業の製品開発担当者）の仕事であるとみなしていた。開発担当者が顧客のニーズを特定し、ニーズに対する解決策を生み出していく。よくても、フィードバックや提案をしてくれた一部の潜在顧客に対して、プロトタイプの解決策を提案することぐらいになる。企業は製品を完成させ、数種の価格で当該製品に対しての顧客の選好レベルと購買意図について測定する―そして、ＲＯＩが高いかどうかで、その事業を進めるべきかどうか判断をする。

しかしこれらすべては今日、変化し続けている。したがって、このセクションでは、顧客からの学びに関する3つの互いに関連しあう開発について議論する。それらは共創、リード・ユーザー法、そしてクラウドソーシングである。

共創　今日、企業は単に顧客の反応を集めることから、彼らを新製品開発に参画するよう呼びかけるように変わってきている。製品イノベーションでの、伝統的な、企業中心の製品開発アプローチは、顧客と共創するアプローチに取って代わられてきている[原注7]。ブランズ(Brands)[28]では、主として、新技術を実際に使用したり、アイデアを提案したりランク付けしたり改良したりできるようなデジタルスペースを利用して、これを行っている。それ以外の代替案としては、企業が開発途中のアイデアに意見をもらったり、評価をしてもらったりすることが挙げられる。共創は通常、そのカテゴリーや当該商品の熱心なユーザーである顧客や消費者をひきつけるため、彼らに、アイデアを表現させたり、開発中の試作品づくりに協力してもらえるような、オンライン上（あるいはオフラインでも）のツールをつくってあげるとよい。これは特定のグループ会議と同じく、企業外部の人を招いた、フェイス・トゥー・フェイスの作業を通じても行われる[原注8]。

共創はＢ２Ｂやサービス市場においてとりわけ有用になる。それは、顧客への直接的なコンタクトが重要で、イノベーションはイノベーターとターゲットである顧客との間である程度の調整が必要となるからである。ボーイングは、顧客である航空会社各社ごとに機体をカスタマイズしている。共創は時として、自社製品を内部で完全にテスト（これをαステージという）して、満足のいく結果を得てから行われることがある。

訳者注

28　マレーシアの食品会社。健康食品を得意とする。

その後、それはβステージに移行し、そこで企業はいくつかのロイヤル・カスタマーに対して製品を試してもらい、改良のための更なるアイデアを出してもらう。

共創は、消費者の好みの変化が激しい流行の移り変りと同様、ニュー・ナレッジのような継続的な流れのあるダイナミズムの高い市場にも等しく効果的な手法である。ウィキペディアはもはや、なくてはならない共創のネットワークである。シスコ（Cisco[29]）とマイクロソフトは、共同製品開発の多くのツールを持っている。以下に共同開発の事例を3つ挙げておこう。

1. ハーレー・ダビッドソン　ハーレー・ダビッドソンには、ハーレーのバイクが自分の人生にとって非常に重要な一部であると考えている熱狂的なファンがいる。これらのファンは、HOG（Harley Owner Groups）というハーレーの所有者でつくるグループに属し、時に集まって一緒にハーレーに乗る。バイクがどのようにつくられるのか、相当の知識をもつファンもいるし、ハーレー本社のあるミルウォーキー（ウィスコンシン州）の近所に住んで、エンジニアといっしょに働いてもいいかと問い合わせるファンもいる。彼らは報酬はいらない、—ただ単に楽しむためと、さらにいいバイクをつくることに挑戦したいだけなのだという。

2. レゴ　レゴはデンマークのおもちゃ会社で、プラスチックのおもちゃのブロックをつくっており、レゴのブロックでつくれる新しい構造物を探している。そこでレゴのウェブサイトに若者を集め、彼ら自身の設計で何かをつくらせている。彼らの中には、会社の周りをうろうろして、デザイナーから何か教えてもらおうとしたり、逆に提案したり、中には新しいデザインを思いついたりする者もいる。

3. ブッシュ・ボアーク・アレン（Bush Boak Allen：BBA）　この会社は、ネスレのような企業に専門のフレーバーを提供するグローバルなサプライヤーである。顧客が自分のフレーバーをつくれるようにするためのキットを開発し、それでつくったフレーバーをもとに、ＢＢＡが製品をつくることがある[原注9]。

共創では、企業は、選ばれた顧客の一部に対してコンタクトをとり続け、彼らから新しいアイデアや可能性についての情報を継続的に集めているが、これは顧客アドバイザリー・ボードや消費者パネルとして知られている方法である。

リード・ユーザー法　企業は当該企業の製品について、最も先進的な使い方をする顧客（リード・ユーザー）を研究することから、多くのことを学ぶことができる。これらのリード・ユーザーは、他の顧客が気づく前に改良すべき点について気づく[原注10]。ＭＩＴ[30]技術イノ

■訳者注

29　アメリカ・カリフォルニア州に本社を置く世界最大のコンピュータネットワーク機器開発会社。

ベーション教授のエリック・フォン・ヒッペルは、リード・ユーザー法を、実際に企業で使えるように研修している。「リード・ユーザー」を見分けさせ、彼らを製品設計のプロセスに組み込ませたのだ。この方法は、イノベーティブな顧客とコラボレーションするときの原則に基づいており、つまるところ、イノベーティブな顧客はイノベーティブな製品アイデアを思いつくという発想である。とりわけイノベーティブなユーザーや顧客を集めて問題を特定させ、解決してもらうというテクニックが要求される。このような顧客をどのように特定し、そしてどうやって彼らを参加させるのかが、一番の課題である。３Ｍ社は世界でもっともイノベーティブなメーカーの１つであるが、２０１２年には１２００もの新製品を出した。３Ｍは「アイデア召集（Submit Your Idea）」と呼ばれるプログラムで評価、開発、特許防衛についてアイデアを出すよう奨励しており、３Ｍのカタログには5万５０００もの製品が掲載されている。

　リード・ユーザーが、気軽に新しいものをつくりだせる一例として、マウンテン・バイクがどのように生み出されたかをみてみよう。マウンテン・バイクは、少年が自転車を山の頂上に持っていき、それで山を下りてきたことから始まった。自転車は壊れ、少年達はより耐性の高い本体をつくり、オートバイのブレーキを装着し、サスペンションや付属品を改良した。企業はそこから、セルフメイド・イノベーションというものがあることに気づいたのである。

クラウドソーシング　クラウドソーシングとは、他者にアイデアや解決策を求めたりする個人、グループ、組織のことで、たいてい公共のものであり、時にはそれを専門とするグループも存在する。インターネットはクラウドソーシングの使用を促進する。なぜなら、支援や参加を求める声が、ウィルスのように無数の人々に届けられるからである。

企業は時として金銭的報酬を与えたり名誉というインセンティブを与えて、コンテンツ、ソフトウェア、広告などを創造するために、クラウドソーシングという手法にますます移行してきている[原注11]。ここで２つの企業の事例を挙げよう。

１．フィアットはイタリアの自動車会社であるが、フィアット・ミオという、クラウドソーシングで生みだされたクルマを最初に世に出した会社である[原注12]。フィアット・ミオのプロジェクトはブラジルで開始された。世界中から人々が集められ、未来のクルマにはどんなコンセプトがもとめられるのかのアイデアを募り、１万７０００人を超える参加者が１万１０００以上ものアイデアを出した。フィアットは２０１０年初めに、アイデアを分

■訳者注

30　Massachusetts Institute of Technology マサチューセッツ工科大学。

析してミオをつくり始め、２０１０年秋のサンパウロで開かれた自動車ショーで発表した。このようなコンセプト・カーを改良する試みは、今も続けられている。

2．ネットワーキングの設備会社であるシスコは、I-Prize として、外部のイノベーションコンペを運営している[原注13]。そのやり方は、最先端分野でのビジネスで首位に立つために、シスコに協力するよう外部からチームを招くのだ。そこでの優勝者には25万ドルのボーナスと、最初の2年間に上限１０００万ドルの基金が与えられる。シスコのこの、世界１０４カ国１２００の登録者からなるコンテストの原理はいたってシンプルである。「世界の多くの地域には、信じられないくらいの素晴らしいアイデアをもっている、信じられないくらい賢い人々がいて、そのアイデアをビジネスにする資金を全く持たない人がたくさんいる」ということだ。評価は主に5つの指針に従って行われる。①急所をついているか、②十分な市場があるか、③タイミングはいいか、④アイデアを遂行するとして上手くやれるか。⑤長期的に機会があるか、である。一般にはオンラインで評価し、フォーラムではシスコが詳細についてコメントするが、それが実際の投票よりも役立つことがある。初年度の優勝は、センサー化したスマート電極であった。クラウドソーシングはまた、それよって顧客に身近に感じてもらったり、企業に対して好意的になってもらったり、いい口コミを期待することができるのである[原注14]。

図表４－５は商品やサービスをどのように改善するのか、顧客から学べる７つの方法を要約したものである[原注15]。

たとえばイノベーション・プロセスに、他のチャネルパートナーを巻き込むこともできる。Ｂ２Ｂ市場では、流通業者や小売、サプライヤーから情報を集めることは、より深い洞察と情報を得ることができるということである[原注16]。

競合他社とは、よく観察すべきもう１つのグループなのである。というのは、それをすれば、顧客が競合製品のどこが好きでどこが嫌いかを明らかにすることができるからだ。そこで競合他社の製品を購入して分析し、よりよいものをつくることもできる。

技術は新しいアイデアのもう1つの源泉である　新製品や新しい仕事を生み出している新しい産業を調査する必要がある。新技術はたとえば次のようなものを含む。

- ロボット
- 人工知能

〔図表4－5　顧客から新しいアイデアを得る7つの方法〕

1．**顧客が自社製品をどのように使用しているかを観察する**　医療機器会社であるメドトロニック(Medtronic)は、自社商品改良のために、営業マンや市場調査員に対して、定期的に、自社はもとより、他社製品を使う整形外科医を観察させている。

2．**自社商品の問題点を顧客に尋ねる**　ポテトチップスがつぶれていることにストレスを感じている顧客がいたり、袋を開けた後の保存に困ったりしている消費者がいることに気づいて、P&Gはプリングルズ[31]を、保存の利くテニスボール・タイプの缶に入れるデザインにした。

3．**顧客に夢の商品を尋ねてみる**　顧客に、たとえ理論上不可能なものに思えたとしても、製品がどうなって欲しいのか尋ねてみる。70歳を超えたミノルタ・カメラのユーザーは、もっと写りがよくてシワが写らなくて、老けて見えないカメラ、というテーマを出した。それに対してミノルタは、2つレンズのカメラをつくった。それは、古い物体をソフトなイメージで映し出すというカメラであった。

4．**企業のアイデアに対してコメントをするアドバイザリー・ボードに出席してもらう**　シスコが自社製品の改良のための顧客フォーラムを開催した一方で、リーバイスは、ライフスタイル、習慣、価値、ブランド・プロミスなどを議論するのに若い人々を使った。

5．**新しいアイデアを求めてウェブサイトを使用する**　自社に関連するブログや投稿をみつけるのに、テクノラティ(Technorati)やデイポップ(Daypop)[32]などのサーチ・エンジンを使うことができる。P&Gのサイトには、顧客からのアドバイスやフィードバックを得るために、「お訊きします」や「考えを共有しましょう」、それに「お答えします」のコーナーがある。

6．**自社製品について熱心に語るコミュニティをつくる**　ソニーはソニープレイステーション2で顧客と共同開発するために、顧客と対話をしている。

7．**自社製品を変えたり改良したりすることを顧客に奨励する**　セールスフォースドットコム(Saleforce.com[33])は、ユーザーに対して、簡単なプログラミング・ツールを使って、新しいソフトウェア・アプリケーションを開発したり、シェアしたりすることを勧めている。LSIロジック・コーポレーション(LSI Logic Corporation[34])は、ソフトウェア、半導体の設計会社であるが、顧客に自作用のツール・キットを提供し、自分だけのスペシャルチップのデザインを可能にした。BMWはそのキットをウェブサイトに出していて、テレマチック[35]や車内オンラインサービスのアイデアを、顧客に考えてもらっている。

- ニューロサイエンス（神経科学）
- 情報技術
- ナノテクノロジー
- バイオテクノロジー
- バイオエンジニアリング
- デジタルとソーシャル・メディア
- エネルギー科学
- 食品科学
- 教育技法

訳者注

31　じゃがいもや小麦でできたポテトスナック商品の商標。Ｐ＆Ｇによって開発された。現在同商品はケロッグに買収されている。

32　Technorati はブログを対象とするブログ検索エンジン。Daypop は主にニュースや最近の出来事を検索する検索エンジン。

33　アメリカ・カリフォルニア州に本社を置く、顧客管理・営業支援（ＣＲＭソリューション）を中心としたクラウドコンピューティングサービスを提供する企業。インターネット経由でアプリケーションプラットフォームを提供している。

34　イギリスのミルピタスにある電子機器メーカー。

35　自動車などの移動体にリアルタイムに情報を届けるサービスのこと。

〔図表4－6　人のニーズに関しての、新興の産業、製品、サービス〕

既存分野	新しい産業や製品
健康	遺伝子工学、バイオテクノロジー、個別化医療（テーラーメイド医療）、遺伝子検査、即効性避妊薬、ホスピス、在宅介護、がん・糖尿病・腎障害などの治療、喫煙や麻薬中毒の即時治療、外来治療内視鏡手術、血管形成術
教育	遠隔教育、インターネットによる自習、チャータードスクール（幼稚園から12学年を通じての実験的学校）
娯楽	３Ｄ映画、ホログラフィック映画、バーチャル旅行や体験、デジタル写真やデジタル映画、ユーチューブ
安全	食品照射、空気清浄、クリーンウォーター、バイオメトリックス（生物統計学）、空港モニター機、警報システム
人体	新しいエクササイズ機器、体の部位のバイオエンジニアリング（生物工学）
労働削減	ロボット機器、人工知能、パーソナル輸送機（セグウェイ）、３Ｄ印刷、オンデマンド現像、ナノテク、オンライン市場、携帯電話
住まい	工場生産住宅、DIY 住宅
軍事	ロボット兵士、無人機、無人飛行機
エネルギー	太陽光発電、風力発電、原子力発電、カーバッテリー
環境	煙突、フィルター

われわれはこのような科学やテクノロジーが、人類のニーズやウォンツを満たす新たな産業、製品、サービスを生み出すと期待している。図表4－6のリストはこれらの潜在的分野のリストである。

これらのイノベーションの有望な分野は、なにも大企業が開拓すべきものだけではない。個人や小さな集団、中小企業などにもチャンスはある。先に述べた小さなビジネスから始めた起業家たちも、新しい化学製品や物質、コンポーネント、ツール、チップ、より大きなブレイクスルーを進めるようなアイテムなどを開発していくだろう。たとえばチャールズ・グッドイヤー（Charles Goodyear[36]）は1839年、硬化ゴムを彼の山荘で発明した。

すべての組織は、どの分野がもっとも有望かを分析する必要がある。サムスン電子は、現在、世界でも売上が最大のテクノロジー企業の１つであるが、どの産業に進出するかのプランを次のように描いている。「エコノミスト誌」によると、サムスンは次の５つの分野に２００億ドルの投資をすることを計画している―ソーラーパネル、省エネＬＥＤ、医療機器、バイオ医薬品、電気自動車用バッテリーの分野である。これらには共通して２つの鍵がある。それは、環境に関する規制によって成長性が高い分野（太陽光発電、ＬＥＤ、電気自動車）、新興市場での需要が急速に拡大している分野（医療機器、製薬）、である。サムスンは大量生産による低コスト実現によって収益を得ようとしている[原注17]。

その他、ニューテクノロジーのアイデアを生み出すには、新興国で起きていることを観察するのもよさそうである。中国での技術革新の事例を２つ紹介しよう。

１．携帯式超音波診断装置　チャイナ・ミンドレイ（China Mindray Company）は、中国で地方の医者向けに、携帯式超音波診断装置を開発した。ＧＥや東芝などの大きくて高価な、都会の大病院向けの医療画像装置とは違って、ミンドレイの小さくて携帯性のある装置は、地方

■**訳者注**

36　アメリカの発明家。加硫ゴムを発明し、特許を取得。

での医療診断装置としては、価格も手ごろで使い勝手も良い。この携帯式装置はたとえば、他の新興国の地方での使用にとっても魅力的である。

2．BYDの自動車バッテリーのイノベーション　中国深圳市を拠点とした自動車・バッテリーのメーカーであるＢＹＤ社は、アメリカの大手3社の自動車メーカーに比べて、電気自動車の充電時間が劇的に短くて済む、新しいバッテリー技術を開発した。２００８年には、ウォーレン・バフェット（Warren Buffett[37]）が同社に2億５０００万ドルを投資して、10％のオーナーとなっている。

中国、インドなどの新興国で、多くのイノベーションが行われているのは明らかだ。そのメッセージは次の通りである。世界中の技術と社会情勢を観察すべきだ。それによって、局地的な機会を満たす鍵がえられるだろう。

どのようにイノベーション・プロセスをつくるのか

企業がアイデアを集めて、当初のアイデアを満足いく最終商品やサービスとして発売するには、そのプロセスをよく練る必要がある。

ステージ・ゲート・プロセス　ほとんどの企業は、次の図表４－７に挙げた８つのステージ・ゲート・プロセスをとる。

イノベーション・プロセスは、多くのアイデア創出とそのスクリーニングからはじまる。アイデアは将来性を考慮して２つか３つ選ぶことを目的に、一連の基準から選出される。企業は次に、有望なアイデアをコンセプトとして洗練させて、収支と利益をチェックする。企業はまた、発売に際してのマーケティング戦略を考えなければならない。当該製品の発売に成功した際のコスト、リスク、リターンについての事業分析をすることである。その結果がプラスであったなら、企業は試作品をつくり、実際に製造し、さらに市場テストをして、最終的に商品化するという手順をとる[原注18]。

自社で、やるべきか／やらざるべきかは、それぞれのプロセスの最終段階で決定される。製品が各段階を進むに従って、それらの製品開発から多くの情報を学びとる。ここで得られた情報から、プロジェクトを継続させるか、あるいは中止するかを判断する。間違いの多くは、企

■**訳者注**

37　アメリカの著名な投資家であり経営者。

〔図表4−7　8つのステージ・ゲート・プロセス〕

1．アイデア創出
2．アイデアのスクリーニング（選別）
3．コンセプト開発とテスト
4．マーケティング戦略立案
5．事業分析
6．製品開発
7．市場テスト
8．商業化

業が開発を続けていく途上で常に起こる。そして、そのことがよくない判断につながることもある。それは、実際、企業がある段階では高い成功をおさめたプロジェクトの継続を中途で断念してしまう、という間違いである。

このステージ・ゲート・スキームは直線的なものだが、それは、ユーザーのみがプロジェクトを推し進めるという意味ではない。仮に製品の顧客テストで失敗したら、企業は製品開発の初期の段階に立ち返って、いくつか変更を加えればよい。仮に商品化の前段階のテストで満足いく結果が得られなかった場合、リスクとリターンの評価が違うものとなるようにいくつかのプロジェクトをやめ、マーケティング戦略を変更すればよい。

イノベーションのAtoFプロセス　新製品開発プロセスを実行するには、企業内の異なる役割を担うメンバーが必要である。それぞれに違うスキルや異なる結びつきをもつ各個人のことである。ＥＳＡＤＥ大学[38]のフェルナンド・トリアス・デ・ベス（Fernando Trias de Bes）教授と私は、イノベーション・プロセスをより巧く運営する、次の６つの役割を特定した[原注19]。

1　活性剤（Activator）となる人物
2　ブラウザー（Browser、閲覧者）
3　クリエイター（Creator）
4　開発者（Developer）
5　実行者（Executor）
6　促進者（Facilitator）

活性剤になる人物は、技術的、経済的、社会的あるいは政策的に多くの変化をもたらす人物であって、企業に望ましい機会の存在に気づく者である。閲覧者は、オンラインであらゆる興味深い機会について調査し、またその機会に影響するような事柄を深く理解するための、インタビューを実施する。将来有望な機会はクリエイター・チームに伝えられ、改良されたコンセ

■訳者注
38　スペイン・バルセロナにあるビジネススクール。

プトをまとめ上げたり、テストしたりする。そのテストがはっきりとプラスの結果であった場合、そのコンセプトは開発者チームに引き継がれて、試作品をつくったりテストをしたりする。その結果がプラスだった場合、次に製造方法を開発する。製品がつくられて市場テストが行われると、マーケティング部門から製品販売の実行部隊へと引き継がれる。資金を集めたり納期に合わせたりする促進者、は、プロセス全体に関わる。

次頁の図表4－8は6つのイノベーション・プロセスにおいて、AからFの役割を持つプレーヤーそれぞれが身につけておく能力をリストアップしている。また表では、楕円によって、特定のプロジェクトが開発時に通るパスを示している。プロジェクト遂行には、スキルの一部だけが必要であることに注意して欲しい。この特定のパスの費用を、各楕円で費やす時間や金額を見積もって特定することもできる[原注20]。

より良い成長アイデアを見つけるために、創造的なツールをどのように使うか？

これまで、企業が新製品や新サービスのアイデアを収集するための、多くの源泉について議論してきた。これらのうち、特にどの手法が、あなたの企業では使えそうだろうか？　ここで、アイデアやコンセプトをつくるクリエイティブなツールを紹介しよう。ブレーンストーミング、

〔図表4－8　A-to-F モデルの図解〕

A アクティベーター （活性剤）	B ブラウザー （閲覧者）	C クリエイター （創造者）	D デベロッパー （開発者）	E エグゼキューター （実行者）	F 財務担当者
イノベーションの範囲	イノベーションレビュー	シネクティクス（創造工学）	コンセプト定義	実験	主観的評価
イノベーションレベル	隣接カテゴリーの分析	ブルーオーシャン戦略	コンセプト・テスト	モーフィング（CGでのアニメーション化）	テストレベル
イノベーションの焦点	内部調査	形態論的分析	描写（叙述）	重要業績評価指標（KPI）での評価	デルファイ法
イノベーションのガイドライン	社会トレンド／社会階層	ラテラル・マーケティング	特徴を定義するためのコンジョイント分析	次の限界的進化	ノミナルグループテクニック（グループ討議の手法）
イノベーションチェックリスト	マーケットトレンド	特質のリスト化	製図	ATRの強度	全社的評価
	購買プロセス	シナリオ分析	模型作り	エリア・テスト	フィリップス66
	イノベーションのルート	訪問	試作品	マーケット・テスト	シックス・シグマ
	技術的解決策	共創	製品テスト	製品テスト	コストとベネフィット
	デザイン	顧客価値の再定義	使用テスト		需要の推定
	成功戦略・戦術と失敗からの学習	ブレーンストーミング	エリア・テスト		利益と損失
	ネットワークの監視		マーケティング案のガイドライン		ROI分析
	エスノグラフィー		特許取得		シナリオ構築
	ユーザーの位置情報				マーケット・テスト

シネティクス（創造工学）、ブルーオーシャン戦略とビジネスモデルのイノベーション、形態素解析、属性列挙法、ラテラル・マーケティング、ビジット&トリップ、顧客価値の再定義である。それぞれの技法について具体例をケーススタディで紹介しよう。

ブレーンストーミング　アレックス・オズボーン（Alex Osborn）は、ブレーンストーミングと呼ばれる有名な手法を開発した。彼はグループに明確な課題を与え、できるだけ多くのアイデアを生み出すことを目的に、自由奔放な考えを出させた。ブレーンストーミングの間は、出てくるアイデアに対して、批判は一切してはいけない。オズボーンは、このプロセスは、代用や排除、要素の結合・再編成・入れ替え・誇張などの作用によって、新しい組み合わせが生まれるような刺激を与えると考えた。ブレーンストーミングが終わったら、グループはそこではじめてアイデアを批判したり絞り込んだりして、2つか、3つのアイデアだけを残す。

シネティクス（Synetics、創造工学）　シネティクスは、実際のところ問題は何なのか、ハッキリしていないときに用いられる問題解決の手法である。グループを新鮮な視点にさらすことで、最終的には実際の問題を明らかにできるように、ちょっと別のことを考えさせることからスタートする。

この手法は、ジョージ・M・プリンス（George M. Prince）とウィリアム・J・ゴードン（William J. Gordon）によって１９６０年代に開発された手法であり、次の４段階からなる。

１　基本となるアイデアは、構成要素を明示することで、イノベーションを起こしたい問題や分野を特定することである。

２　その問題に関連する２つの類似した状況、装置、自然現象やその他の要素を考える。

３　これらの現象を記述する。

４　最後に、これらの要素と自分たちが抱えている問題との考えられる関連性について検討してみる。

たとえばＮＡＳＡは気密性の高い宇宙服をデザインしようとしたとき、この手法を実施した。参加者たちには、このことは知らされなかったが、彼らは何か「気密性」について考えるようにいわれ、ジッパーや鳥の巣編み、ボタン付け、接着などを思いついた。プロセスが進むにつれて、「これは衣服や衣服の生地のことだ」といった、より多くの情報が与えられた。この手法から最終的には、宇宙服に関しての多くのアイデアが生み出されたという。

ブルーオーシャン戦略とビジネスモデルのイノベーション　ブルーオーシャン戦略は、W・

チャン・キム（W. Chan Kim）とレネ・モボルニュ（Renée Mauborgne）が考えた戦略で、自身が競い合っている産業を再定義し、そこから、競争のない新しいオーシャン（新しい産業や新市場）を生み出すというものである。その目的は、競争が無意味な空間（つまり、一時的な独占）をつくりだすために、分断化された、競争者の多い過当競争市場（この市場を、競争者間での猛烈な戦いで流される血になぞらえて、レッドオーシャンと呼ぶ）から距離をおくことである。

ブルーオーシャンをつくり出す主な手法は、一定の産業において競争、投資、顧客への価値の伝達などの、主要な要因を含んだ戦略的キャンバスを描くことである。それぞれの要素は分析され、次の4つのうちの1つの行動がとられる。

1　減らす（標準よりも大胆に減らせるものは何か？）
2　取り除く（当たり前としている要素で排除できるものは何か？）
3　増やす（標準よりも大胆に増やせるものは何か？）
4　つくる（これまでなかったもので付け加えられるものは何か？）

これらの行動をとると、企業は完全に、自社の商品やサービスなどの提供物、コスト、顧客への価値伝達を再定義することになる。ブルーオーシャン戦略でもっとも有名な例は、シルク・ド・ソレイユ（Cirque du Soleil[39]）のケースである。伝統的なサーカス産業はチケットの値段が複数あり、複数の舞台があり、花形パフォーマー、動物ショー、館内でのグッズ販売、笑いとユーモア、危険やスリル、個性的なセットが特徴である。これらの要素のそれぞれに、先の4つを実行することで、シルク・ド・ソレイユはサーカスを新たに作り直した[原注21]。安い値段で大きなテントの中の固い木のイスに座って、馬やライオンなどが芸をするのをみる代わりに、観客はもっと高価なファーストクラスの劇場に座り、素晴らしい動きや脚本の、夢の世界のようなパフォーマンスを見ることができるようになった。

　ブルーオーシャン戦略は、新しい市場（新しい顧客やニーズ、状態）をつくったり、新しいビジネスモデルのイノベーションを行ったりするのに理想的な方法である。ビジネスモデルでのイノベーションが、スターバックス（Starbucks）やアマゾン（Amazon）、イケア（IKEA）、テスコ（Tesco[40]）、ダラーストア（Dollar Store[41]）などを生み出した。つまり、あなたのビジネスでも、新しいビジネスモデルを生み出す必要があるということである。さもなくば、あな

■訳者注

39 カナダ・ケベック州で設立されたエンターテイメント集団。独特のスタイルのサーカスショーは芸術性の高さからも名声をあつめ、世界中で人気を博している。

40 イギリスに本拠地を置く小売業チェーン。

41 アメリカ版100円均一ショップ

たの企業は、新しいビジネスモデルを採用した企業の犠牲となるだろう。

形態素解析（Morphological Analysis）　スイスの天文学者であるフリッツ・ツビッキー（Fritz Zwicky）によって開発された形態素解析は、課題の構成要素を分析し、置き換えることによって、その解決を図ろうとする手法である[原注22]。例をみてみよう。ステップ1では、目的を定義する。たとえば、より良い鉛筆をつくりたい、などである。ステップ2では、構成要素の特質を分析する。この例では、鉛筆のサイズや芯先、材質、鉛のタイプ、色、装飾、価格などである。ステップ3では、鉛筆の色は黄色にするのか赤にするのかなど、それぞれの特徴のオプションを考える。ステップ4では、各特徴のオプションを選択する。そして最後のステップ5では、それらを次のように問うことで評価する。すなわち、低価格で、大きくて、木でできていて、芯先は細く、調整できないタイプの、消しゴムがついたシャープペンシルのような見かけの、黒鉛の鉛筆、というのはどうだろうか、と。

最終製品に満足するまで、その他のオプションを試し、評価し、改良できる。形態素解析は、物理的な製品やサービスのデザインでイノベーションするには理想的な手法である。それは辺縁部分でのイノベーションや製品ラインの拡張、漸進的な改良や特定のカテゴリーでニッチを見つけ出すのに適している。一般的にこの手法は、どんな問題を抱えているかにもよるが、戦略的というよりもむしろ戦術的なイノベーションにつながる。形態素分析は、既存の特質に基づいており、枠外から新しい可能性を導き出すというものではない。したがってこの手法では、抜本的なイノベーションは起こらない傾向にある。

特徴をリスト化する（属性列挙法）　これは変えたいと思っている製品やサービスの特徴のみに焦点を当てる、形態素分析の特別なタイプである。製品やサービスの特徴をリストアップし、その数を増やしたり減らしたりする。その結果、現在の製品群のなかで、その想定した製品がどのようになるのか、つまり、潜在顧客の興味を引くのか、売上量や消費量を押し上げるのかをチェックする。

たとえば、新しいタイプのサラダを売り出したいとしよう。質や特徴（すなわち、原材料）をリストアップしてから、その特性をいろいろといじってみる。マイルドなサラダにするのか、食べ易いものにするのか、高タンパクで低ナトリウム、低塩分、低リンで消化によいサラダにするのか、などである。そして、新しいコンセプトになりそうなものを思いつくまで、多くの可能性を試す。

ほとんどの製品やサービス、とりわけライン拡張商品は、直接的か暗示的かを問わず、この技法を用いて生み出されている。たとえば、シュガーフリーでカフェインレスのソフトドリンク、ビタミン豊富な製品、などがあてはまる。

水平的マーケティング（ラテラル・マーケティング）　フェルナンド・トリアス・デ・ベスと私は、ニーズや状況、顧客を変えることによるイノベーションで、現在流通している製品やサービスを変えていく、という、ラテラル・マーケティングを考案した。たとえば、ガソリン・スタンドは、以前は、ガソリン・タンクに給油して集金する人と、小さな駐車スペースとガスポンプからなっていた。今日、ほとんどのガソリン・スタンドは、従業員は旅をする顧客のニーズに合うような食品や飲料、雑貨を売る大きな店のレジ横に座っており、顧客はセルフサービスでガソリンを入れる形式になっている。今日のガソリン・スタンドは、ガソリンと同じくらいの収入を、食品ビジネスから得ているのである。

製品やサービスのビジネスでは、どのような改良や業態変化が共通して考えられるだろうか？　この問いの答えは、たいてい、枠から飛び出して考える（*thinking out of the box*）と呼ばれる手法で見つけることができる。たとえば、シリアルの会社は常に、シリアルに関連する製品について、既存の枠内で考える。たしかに、シリアル愛好家はシリアルをさっと手軽に食べたいと思っているが、手軽に食べるといっても、ポケットやビニール袋に詰め込みたいとは思っていない。このソリューション（解決策）として、ケロッグは、綺麗にパッケージされたシリアルを主原料とするチョコレートバーを発売した。

ＭＢＡ学位の教育サービスを提供しようとしているが、実際には建物をもたない教育グループを想定してみよう。インターネットの（遠隔）学習を通じて、オンラインでそれを提供するかあるいは、電車かバスに乗って、経営者がクラスに出るためにロングアイランドからマンハッタンまで1時間半かけて通学するか、どちらがいいか、を考えればよい。

これらのケースでは、新たなシチュエーションで、おそらく違うタイプの顧客の新たなニーズにどのように応えていくかの問題がある。ネスレはラテラル・マーケティングをいろんな機会で使ってきた。その一例がグリーン・コーヒー（抗酸化物質として健康によいとされる、グリーンティーのアナロジーとして）の開発である。ネスレはまた、ネスクイック・ナイト（Nesquik Night、子ども向けの、朝食というよりはむしろ就寝前に飲む、粉でできたココア飲料）の開発も行った。このように、ラテラル・マーケティングは、競合他社から自社の製品を差別化して、イノベーションの源泉を見つけるのに最適な手法である。

ビジット&トリップ（Visits and Trips）　この方法は、見ることはインスピレーションを与え、新しいアイデアを生み出す刺激となる、という考えから、いろんな場所に行ってみるという方法である。マーケターは通常、顧客が自社製品やサービスを購入したり消費したり、使用したりする市場や場所を訪問する。彼らは、出会った顧客にインタビューすることもあるだろうし、新製品に関して、要望や希望を聞くこともあるかもしれない。新しいアイデアを探しに、海外の消費者が数々の自社製品と関係があるのかを観察するために、外国に行くことは特に刺激的な方法である。

スターバックスはこの手法を使っている。ミッシェル・ガス（Michelle Gass）はスターバックスの上席副社長としてカテゴリー・マネジメントを行っているが、いくつもの地域のスターバックスやレストランを訪問して、地域の文化や習慣、流行について理解を深めるために、自分のチームをパリやデュッセルドルフやロンドンに連れて行く。「違ったアイデアや違った考え方を学んで帰ってきなさい」とガスは言う[原注23]。

顧客価値の再定義　顧客が自社の製品やサービスから逃げてしまうような価値を修正することで、顧客価値を再定義することができる。すべての取引は2つの要素からなる。すなわち、1つは顧客の労力（支払い価格、情報収集や購買に使う時間、意思決定に関するリスクなど）と、もう1つはその見返りに受け取る製品やサービスである。価値とは、つまり、顧客が労力に比べて得るものとの比率のことである。それゆえ、次の2つの方法のいずれかで顧客価値を増大させることができる。

１　同じ値段でより多くのものを（質的、量的に）提供する。

２　全体を構成する１つ以上の構成要素を強化することで、同じ製品を顧客が少ない労力で得られるようにする。

この理論を適用する方法は、いたってシンプルである。⑴何を顧客に届けているのか、どんな労力を顧客は払わなければならないか、を問うことで顧客価値を分析する。⑵それがわかったら、最終的に顧客価値が増加するかどうかを見極めるために、その労力のオプションを増減させたり取り除いてみたりする。そして、⑶新たな組み合わせを見出したら、新しい組み合わせを新製品や新サービス、新たなビジネスモデルとなるように関連づけ、アイデアを開発する。

たとえば、企業にとって高い収益をもたらす品目については、アフターサービスを提供できるようになる。あるいは、破損したり故障した製品を、新しいものと交換するといった形で、顧客に選択肢を与えることができる。家具メーカーのイケアは、顧客に家具の組立てを任すことで、あるいはイケアに組立てをしてもらう場合は有料にすることで、顧客に支払い金額を削減できる選択権を提供している。

新しいアイデアや仕事をつくる上で、外部の起業家の果たす役割は何か？　ここまで、主にイノベーション・プロセスの開発やマネジメントでの企業の役割について議論してきた。しかし国家は、既存企業の努力だけで高い成長を達成することはできない。経済成長の多くは、すばらしいアイデアを得て、家庭やガレージから起業し（たとえばスティーブ・ジョブズやビル・ゲイツ）、そして友人や親戚、パトロン、さらにベンチャー・キャピタルや銀行から資金を募った起業家たちによるものである[原注24]。スティーブ・ジョブズの、いわゆる「ガレージから始まったどんぐりビジネス」は、アップルとよばれる巨大な果実を生む木となって、今では世界でもっとも株価の高い企業の1つとなっている。

起業家たちが説明するように、近年は大企業よりもアメリカ合衆国のほうが、多くの仕事を生み出している。事実、ほとんどの企業は、オートメーション化、インターネット、ビジネスの海外移転などによって、仕事を削減している。反対に、起業家たちは仕事の数を増やしている。そう考えれば、起業家たちが起業するのに必要な資金を獲得するための支援をもっと増やすべきであろう。

不幸なことに、有望な起業家を見分けたり、支えていくのに容易な方法はない。たとえば、基金を得るアイデアとして、学部を助けるようなより良い仕事を大学に奨励するやり方がある。大学は、このことに興味を持つべきである。なぜなら、大学関連の研究で多くの収益を分け合っているからである。今日、多くの企業が、より低いコストで、外部の新鮮な視点での分析ができるということから、社内で採択された研究を、大学の研究センターにアウトソーシングする例が増えてきている。

もう１つは、連邦政府が、実用での革新を促進するために、開発についての軸足を基礎科学から技術移転可能なＲ＆Ｄへ移行してきている動きがある。しかし、その障害となっているのは、合衆国の特許事務所に少なくとも、18～24カ月間留め置かれることである。そのため、誠実な起業家たちへの支援が、切に求められている。それらは、たとえばベンチャー・キャピタルや、新しい提案に聞く耳をもつ民間持ち分会社である。成長を求める国はいずれも、仕事をつくるという希望を与えているのは主に起業家だということを認識しなければならない。だから、わが国は地元の起業家を奨励したり、支援を行わなければならない。

多くの有望な起業家の仕事は、経済発展中の国で生まれている。特に、コストを削減するような、新しい道具や製品をデザインする分野においては然りである。次にインドでの開発の事例をみてみよう[原注25]。

- ジャイプールフット（The Jaipur Foot）は、膝から下が切断された障害者用のゴム製義足をつくる会社である。その価格は約30ドルで、１万ドルもする類似の西洋義肢からしたら、ほんのわずかな金額である。この義足はＢＭＶＳＳというＮＰＯが配っており、インドで年間１万６０００人もの患者が装着し、何千人もの世界の患者にも贈っている。

・アラバインド・アイケアシステム（The Aravind Eye Care System）は、１９７６年に設立された、白内障手術を提供する世界でもっとも大きい会社である。この会社は、途上国では白内障手術の２％にしか料金を請求せず、60％の人を無料で手術している。それにもかかわらず利益をだしている。

・２００１年にバンガロールで設立された、ナラヤマ・ヒュダヤァヤ（The Narayana Hrudayalaya）という心臓病ケアセンターは、今や世界でもっとも多くの心臓手術を実施し、心臓病ケアを提供している病院である。同センターは、リモートサイトで診断や治療をするネットワーク医療で患者に治療を行う。また衛星とインターネットベースの遠隔通信技術で、専門家にアクセスすることができる。

・バンガロールの西洋スタイルのホテルはたいてい、１泊３００ドルする。しかしインディワン（indiOne）という近代ホテルは、すべての客室にバスルーム、ＬＣＤテレビ、小型冷蔵庫、コーヒーメーカーとちょっとした仕事スペースがあって、１泊の料金はたった20ドルであるが、大きな利益を出している。

次の段階では、起業家的組織が、途上国においてソリューションをもたらすことを取り上げるようになるのかもしれない。それが、西側世界のハイコスト構造を崩壊させることは想像に難くない。

新製品や新サービスを創造する機会は常にある。これらの機会は、景気後退期にはほとんどないように思えるが、不景気のほんの初期なら、新しい解決策の探索が可能である。製品やサービスを提供する企業はそれを改良したり、組み合わせたり、違うサイズを出したり、目玉商品やサービスを増減したり、数種類の価格をつけたりすることができる。このことは、企業が枠から飛び出して考える必要があって、それらの企業は、製品やサービスの新しいコンテクスト（あり方）をつくる必要があるということを意味する。たとえば、最近の景気後退期に、キャンベル（Campbell）はスープのポジショニングを、固形食品よりも安価な食事、というように意味づけし直した。企業はもっと、垂直的マーケティングから、キャンベルがいろんな味のスープをつくって、新しいスープの楽しみ方やコンテクストをつくったように水平的マーケティング（ラテラル・マーケティング）に移行していく必要がある[原注26]。

製品やサービスのコンテクストを再定義した事例は数え切れないほどある。たとえば今日、われわれはガソリンスタンドで食品を買うことができる。スーパーマーケットで銀行取引ができ、携帯電話でコンピュータにアクセスしたり、写真を撮ったりすることができる。処方されたガムで、薬を摂取することもできる。キャンディバー型のシリアルがある。これをビジネス・チャンスではないということはできないだろう。さもなくば、マーケターたちがチャンスを見える化できる能力が欠如しているだけなのだと思う。マーケティングは、低成長経済だからという理由で失敗することはない。それは単に、想像力が欠如したマーケターたちによる失敗なのである。

イノベーションと発売のための資金をどのように集め、増やすのか？

イノベーションのためにはもちろん、開発コストとそれを最終的に新製品やサービスとして売り出すのに十分な資金を集めることが必要となる。この場合、既存企業なら通常、銀行へ行くだろう。信用力に問題があったとしても、上場企業にとって融資を受けるのは難しくない。たとえば、大企業にはファイナンスのオプション、通常、中小企業では利用できない、無担保（たとえば非担保融資）借金などのオプションがある。

一方、若手起業家たちが直面している財務上の問題を考えてみよう。今日ではたとえば、すばらしいアイデアを思いついても、資金を集めるのは難しい。銀行には資金が豊富にあるが、経済が不透明なために、貸し渋りをしているからだ。特殊な提案は、疑問点について検討されることなく、そのまま放っておかれる。

　若手起業家は、可能なら、当初は貯金で賄う。あるいは家や投資した資産があれば、それらを担保に入れて借入れを行う。場合によっては、親戚のお金持ちに頼み込むかもしれない。他の選択肢としてはエンジェル（投資家）――お金を持っていて、他人のアイデアに刺激されて、初期のエンジェル投資ができる人（そのあとは、ベンチャー・キャピタル投資などの次のステージへ行く）――を探し出すことである。投資プロセスの各段階で、投資した人はみな、資金投資の見返りに事業の配当を求める。仮に起業家のアイデアがうまく行き始めた場合、フェイスブック（Facebook）のマーク・ザッカーバーグ（Mark Zuckerberg）がしたように、彼らはＩＰＯ（新規株式公開）に向かう。そうでなければ、個人所有の企業として、そのまま運営される。

　イノベーターに必要とされる主要な能力は、マーケティング・アイデアの能力である。すべての資金源は、借入れ基準が異なる。多くの起業家たちは、自分の考えたイノベーションアイデアに興奮しており、自分の熱意は資金源に好印象を与えるのに十分であると考えがちである。しかし、いくら熱意が伝わったとしても、それだけでは十分ではない。若いイノベーターたちには、「投資家を惹きつける―ビジネスの資金をみつけるマーケティング・アプローチ（*Attracting Investers: A Marketing Approach to Finding Funds for Your Business*）[原注27]」という書籍を読むようアドバイスしたい。クリエイティブな製品を実用化にむけて始動させる、もっとも興味をそそられる新しい資金源はクラウドファンディングである。アベ・フェッターマン（Abe Fetterman）とその妻リサ・チウ（Lisa Qiu）は、新しいタイプの台所用品を発売するために、オンラインのキックスタート・ドット・コム（Kickstarter.com）で、58万ドルの資金を工面した。エンジェル・リスト（Angel-List）[42]はまた、もう1つのクラウドファンディングの源泉でもある。

結論

世界は、企業がついていけないほど、あまりにも早く変化している。組織は時代とともに変化しなければならないが、それには、イノベートするための開発能力が必要である。イノベーションをしようがしまいが、そのリスクが、共に大きいことは明らかだ。しかし、ほとんどの企業は「容赦ないイノベーション」ができない。ただ、このような企業でも、製品やプロセス、サービス、価格、流通、プロモーションで、なにかしらの変化についていかなければならない。従業員達に、枠から飛び出して考える訓練をするだけでなく、チャレンジし、失敗もいとわない、という視点をもたせなければならない。ご存知のように、失敗を罰することは、イノベーションを台無しにする確実な手法である。

■訳者注

42　エンジェル・リストは、スタートアップ企業が投資家を探し、そこでミーティングをするためのインターネット上のプラットフォーム。

質問

1　競合他社と比べて、あなたの企業はどれくらいイノベーティブですか？　競合他社のイノベーションで損害を受けたことはありますか？　なぜ、どのような方法で、競合他社はイノベーションが可能なのか？

2　企業にイノベーティブな考え方を取り入れるために何をすべきですか？　誰がこのイニシアチブをとるべきだと思うか？　どんな道筋とその進行の測定手法をつくるか？

3　ビジネス上のどこに、もっともイノベーティブなアイデアがあると思うか？　従業員、顧客、サプライチェーン上のパートナー、競合者あるいは、雇ったコンサルタントに、実行可能なビジョンがあるか？

4　アイデアを生み出して選択し、よいアイデアを最終製品にする、正式なプロセスが自社内にあるか？　そのプロセスをどのように改善するか？

5　投資者にとって、そのイノベーションはどのように魅力的なのか？

第5章

国際展開による成長

なぜ、銀行を襲ったんだ？
そんなのわかりきったことだろ。そこに金があるからじゃねえか。

ウィリー・サットン[1]

ほとんどの企業は、国内で何かを販売することから始める。これは、地場の靴屋、洋服屋、お菓子屋と食糧生産者には、当たり前の現実である。国が非常に大きければ、企業は基本的に国内製造業者として事業を続け、成長することができるだろう。これは、主に1世紀もの間、広大な国内市場が発展したアメリカ合衆国で起こってきたことだ。小さな国では、いくつかの製造業は、やがて何かを海外でつくるか売ろうとするようになるだろう。確かに、企業が国内で手に入れるより、さらに多くの儲けを海外販売から得られるのであれば、他国での事業展開を真剣に考えなければならない。これには、2つのやり方がある。(1)海外直接投資によって海外で事業を確立する、あるいは、(2)財やサービスを国内市場から国際市場へ輸出することである。

■訳者注

1　William 〝Willie〟 Sutton（1901-1980）、アメリカの銀行強盗。40年もの間、犯罪を続け、奪った総額は200万ドルに及ぶと推定されている。この言い回しは、レポーターのミッチェル・オーンスタッドがサットンに質問した時に答えたといわれる都市伝説。

海外直接投資を行う

大部分のアメリカ大企業や多くの中小企業は、海外投資の道を選んで、海外子会社を設立してきた。海外活動を始める主な目的は、新しく成長する国々の国内市場における販売チャンスを手に入れることである。多くの新興国には、外国企業の機械や設備・装置を必要とする国内メーカーだけでなく、靴や衣類、それに家具、とりわけ電気製品を必要としている多くの人々がいて、その人口増加率は非常に高くなっている。これらの新興国では、エネルギー、水、道路、鉄道と航空運輸といった物理的なインフラストラクチャーを整備する必要がある。西欧諸国は、農業技術で突出し、ハイテクや軍事技術だけでなく、金融や保険、法律に高等教育、果ては、社会サービスまでもブランド化する。アメリカやヨーロッパの企業は、これらいずれの産業においても、いろいろな新興国で見出す機会を調査しなければならない。たとえば、ヨーロッパあるいはアメリカの保険会社は、住宅や生命保険、それに事業活動保険のために、東南アジア諸国連合（ＡＳＥＡＮ）――ブルネイ、カンボジア、インドネシア、ラオス、マレーシア、ミャンマー、フィリピン、シンガポール、タイ、ベトナム――の10カ国における保険市場を調査して、自国とは異なる成長のポケットを見つけるだろう。

海外子会社を設立するもう１つの理由は、他の国に輸出する商品を低コストで生産する海外拠点をつくるためである。海外拠点で生産する商品の中身は、大半がいろいろな国から送られてきて、組み立てられ、いろいろな国へ出荷されていく。こうして、生産は本当に国際化されていくのだ。

生産に関していえば、海外では、自国よりも低い賃金コストで行うことができるし、またより多くの点で融通も効くからである。たとえば、アップルは低コスト生産という目的に加えて、それ以外のいくつかの理由で、自社製品を国内で生産しない。アップルの経営陣は、海外工場の巨大な規模――その他、外国人労働者の柔軟性や、勤勉さ、工業的なスキル――が、アメリカの取引企業を追い越したと思っている。アップルのiPhoneの製造に関係している20万人の流れ作業の労働者を監督し指導するためには、８７００人のインダストリアル・エンジニアが必要になる。会社の分析担当者は、そういった資格のある多くのエンジニアをアメリカで見つけるには、９ヵ月もの期間がかかるだろうと予測した。それが、中国ではたった15日で済むのだ。その上、中国での販売は、アップルの世界的な収益の12%にもなる。

多くのアメリカの中小企業は、新興国市場で子会社を設立している。今では、中国は米国企業にとって世界で5番目に重要な投資先になっている。アメリカの中国への海外投資は、２０１０年に６０５億ドルに達した。これらの企業には、化学製品、プラスチック、金属、家具、スポーツ用品メーカーだけでなく、エレクトロニクス・メーカー、衣類メーカー、機械メーカーと食品メーカーが含まれている。中国市場では、われわれがフォーチュン５００社[2]で慣れ親しんだナイキやボーイング、ＧＭ、ＧＡＰ、ダウ[3]、デュポンだけでなく、医療機器のツォル・メディカル（Zoll Medical）やマシモ（Masimo）、暖房設備のバーナム（Burnham）、光学通信のＩＰＧといった、「フォーブズ」が選ぶアメリカのベスト・スモール・カンパニーの多くが中国で事業を行っている。低賃金の労働コストだけが、海外生産拠点を設立する唯一の理由ではない。他にも、テレコミュニケーションや、物理的なインフラストラクチャー、身体的な安全と快適さ、輸送機器やロジスティックス、多くの大学卒の人材がいること、そして現地市場へのアクセスの良さといった要因があるのだ。

　外国市場への販売の視点からみると、フォードが１３４０億ドルの総売上の51％を海外から稼ぐ一方、ウォルマートは総売上４２００億ドルの20％を海外からの収益で稼いでいる。ゼネラル・エレクトリックはアメリカ以外の国からの収益が54％に達し、ＩＢＭでは64％にもなって、それらをすべて上回る。さらにダウ・ケミカルは67％で、それ以上である。インテルに至っては85％と、際立っている。

　多くのアメリカ人を驚かせるかもしれないが、非常にアメリカらしい企業であるアマゾンも、カナダ、ヨーロッパ、日本、中国や他の地域における海外収益が45％に達した。カーギル

（Cargill）やＡＤＭ[4]、バング（Bunge）のようなアメリカの穀物メジャーは、世界中に広がっている。ハーバード、エール、スタンフォード、ケロッグ、そして他の有名大学出身のＭＢＡとＥＭＢＡ[5]卒業生が世界中で働いている。もっと信じ難いのは、外国での収益がしばしば、国内の売上よりはるかに高い利益率をもたらすということである。

輸出をする

ビジネス拡大の方法として、輸出に取りかかろう。たとえば、ドイツや日本はまさしく輸出志向だ。それらの国々は、他の国が買いたくなるような評価の高い製品やサービスを提供している。それに対して、アメリカの輸出志向は控えめである。２０１０年では、従業員５００人以上の大企業が、アメリカの輸出額の66・３％を占めたけれども、企業数でいえばすべての輸

訳者注

2　アメリカの経済経営雑誌。この雑誌では、世界の大企業について毎年レポートを報告する。それがフォーチュン５００社である。
3　アメリカの化学メーカー。
4　Archer Daniels Midland が正式名称。
5　Ｅは、executive の略であり、社会人向けのＭＢＡである。仕事を辞めずに受講しやすいプログラムが提供されている。

出企業のたったの2・2%に過ぎない[原注1]。輸出をするアメリカ企業の残りの97・8%は、メーカーや卸売業者、採掘企業、農業企業を含む、より小規模な企業だったのである。2010年現在、10人以上の従業員をもつ130万7303社のうち、29万3000社―およそ22%―が輸出企業であるにもかかわらず、である[原注2]。

アメリカや他の輸出の低い国は、多くの企業が考えを改めて、連携し、グローバルに販売するよう促す必要がある。でなければ、アメリカは輸出より輸入を続けることになり、外国貿易での赤字と負債の増加に直面するだろう。

グローバル・マーケティングは、グローバリゼーションの時代に不可欠なものだ。多くの新興国では、アメリカやヨーロッパへの低価格での参入を目論む本格的な多国籍企業が成長している。一時は、サムスンやヒュンダイといった韓国企業や、中国企業のハイアールが、発展途上国において小規模に奮闘している企業だった。それらは、今となっては、ワールドステージの一流プレーヤーである。西欧諸国の多国籍企業のリーダーは、BRIC（ブラジル、ロシア、インド、中国）や他の新興国――情報テクノロジーや、電子機器、自動車、飲料、スキンケア、住宅機器のような商品群をもつ国々――から登場する多国籍企業に注意を払わなければならない。

成長の速い新生の多国籍企業の中に、エイサー（Acer）[6]、アルチェリッキ（Arcelik）[7]、アポロ・タイヤ（Apollo Tires）[8]、バーティ・エアテル（Bharti Airtel）[9]、ビンボ（Bimbo）[10]、ブライト・フード（Bright Food）[11]、ジーリー（Geely）[12]、ＨＴＣ[13]、ハイアール（Haire）[14]、ファーウェイ（Huawei）[15]、ＬＧ[16]、レノボ（Lenovo）[17]、モデロ（Modelo）[18]、ＭＴＳ[19]、ナチュラ（Natura）[20]、ＳＡＢ・ミラー（SAB-Miller）[21]、ＳＡＩＣモーター（SAIC Motor Corp.）[22]、タ

■訳者注

6　台湾のパソコンメーカー。
7　トルコの家電メーカー。
8　インドのタイヤメーカー。
9　インドの電気通信サービス会社。
10　ビンボ（グルポ・ビンボ）は、メキシコのパン製造会社。
11　中国の食品メーカー。
12　中国の自動車メーカー。
13　台湾の通信機器メーカー。
14　中国の通信機器メーカー。
15　中国の家電メーカー。
16　韓国の家電メーカー。
17　中国のパソコンメーカー。
18　グルポ・モデロは、メキシコのビールメーカー。
19　アメリカの試験装置・試験のエンジニアリング・コンサルティング会社。
20　ブラジルの化粧品メーカー。
21　イギリスの醸造メーカー。
22　中国の自動車メーカー。

タ・モーターズ（Tata Motors）[23]、タタ・ティー（Tata Tea）[24]、ウルケル（Ulker）[25]、そしてヴィトラ（Vitra）[26]がある。これらの会社は、高品質と最新のテクノロジーだけでなく、低コストと低価格でやって来る。

１つの例として、台湾のコンピュータやエレクトロニクス会社が、デザインやイノベーション、素早い反応、グローバル市場での柔軟性――つまり、西洋の多国籍企業が真似できないような利点――を備えていると考えてみよう。アメリカやヨーロッパは、もはや栄光に頼ったり、リーダーシップが保証されていると仮定したりすることはできないのだ。２０１１年に大統領科学技術諮問委員会は、アメリカのリーダーシップ低下に対処するイノベーション政策が必要なことを示した。委員会は、光電子工学（照明と探知器技術）、新素材と複合物、微小工学、ロボット工学、リチウムイオン電池、半導体、フォトボルタイクス（太陽の放射線を電気に変換する）[27]、産業用機械、無線通信機器と他の先端技術セクターのような、活性化する技術が必要だとした。ＧＤＰに占める技術開発費の割合としては、アメリカは、韓国、日本、スイス、イスラエルなど、に続く第7位に位置づけられている。

とりわけアメリカを中心とした西洋諸国が、大幅に輸出を増やせると考えられる理由もある[原注3]。それは、アメリカでの生産とエネルギーコストが減少していることである。アメリカの工場の多くは人工知能とオートメーションに頼っているので、低賃金労働にそれほど依存しなくても成長できるのである。アメリカの光熱費は、天然ガスの莫大な埋蔵量が発見され、しかも岩盤層から天然ガスや油を採掘する方法である「フラッキング」の進歩によって、下落しそうだからである。これらの開発はいずれもが経費を下げ、国をますます競争的にする。発展途上国がさらに裕福になれば、それらの国々は、世界的に有名なアメリカやヨーロッパのブランドといった贅沢な製品はもとより、アメリカの輸出品——民間の航空機や、半導体、車、医薬、液化天然ガス、機械装置設備、自動車アクセサリー、エンターテイメント——を買うことに目を向けるようになるだろう。

良い知らせは、世界的な情報や、輸送、コミュニケーション、銀行業務などで大きな改善があり、そのすべてが世界貿易の増大を促進するようになるということだ。世界貿易機関によると、２０１１年の世界の製品輸出額は、１年で12兆５０００億ドルから15兆２０００億ドルへと22%上がり、世界の商業サービスの輸出は、３兆４０００億ドルから３兆７０００億ドルへ

■**訳者注**

23 インドの自動車メーカー。
24 インドの紅茶メーカー。
25 トルコの食品メーカー。
26 スイスの家具メーカー。
27 （　）内は原文の訳で、要するに、太陽光発電。

と8％上がった。
この章では、あなたには以下の問題を考えて欲しい：
1　なぜ、海外に向かうのか？
2　世界中でもっとも成長しているのはどこか？
3　海外事業に求められる能力は何か？
詳しくみていこう。

なぜ、海外に向かうのか？

今、われわれの回りにあるすべてが、国際貿易が目覚しく成長した証になっている。あなたは、日本レストランで英国の友人に会う途中で、アルマーニ・スーツを着ているエジプトにいるドイツ人のビジネスマンに出会う。その日の終わりに、彼はロシアのウォッカで飲物をつくり、そしてエジプト製のテレビでアメリカの連続ホームドラマを見てくつろぐだろう。ある国で開発された製品――たとえば、グッチの財布、モンブランのペン、マクドナルドのハンバーガー、日本の寿司、シャネルのスーツ、ドイツのＢＭＷ――が、世界中で熱狂的に受け入れられているのだ。世界はブランドに夢中になっている。強いブランドを開発しなさい、そうすればあなたは世界で成功するだろう。

あなたがなぜ海外に向かうべきか、以下の主だった理由を考えてみればよいだろう。

- **あなた方は、自国では海外企業によって攻撃されていて、**あなたは相手企業の国内市場で、それらの企業に対抗する必要がある―少しでも彼らを自国内に縛り付けておくためだ。イギリスの飲料会社シュウェップスは、英国国内市場でコカ・コーラとペプシ・コーラに対抗するため、アメリカの炭酸飲料市場に参入した。シュウェップスは、最終的にはコカ・コーラによって買収された。
- 国内より**高い利益を海外でかせぐことができる**と見積った。贅沢品は、アメリカやヨーロッパ市場よりもアジア市場で、一段と高いマージンで売ることができる。中国の観光客は、上海や北京より価格が安いニューヨークやロンドン、パリで、グッチやコーチ、ルイ・ヴィトン、バーバリーなどの贅沢品も買うのだ。
- 海外からより多くの顧客を獲得することで、すべてのコストを下げる規模の経済を達成することができる。iPhoneとiPadに対する世界的な熱狂が、アップルの単位原価を下げているのだ。

- とりわけ、ある国で物事がうまくいかない状況になるなら、**あなたはその国だけで事業するリスクを減らしたくなる**だろう。欧州市場ではタバコへの規制や税の抑制規則があるので、タバコ企業は、アジア、アフリカとラテンアメリカでうまくやっている。
- **あなたの顧客が海外に進出した**。そのとき彼らは、サプライヤーとしてのあなた方も一緒についてくると思っている。中国では、日本の自動車メーカーは、サプライヤーを一緒に連れてきている。

大部分の会社には海外進出のアドバンテージが明らかにあるのに、多くのリスクと費用によって、それを躊躇させる傾向になる。特に自国でのビジネスチャンスが十分にある場合、企業は海外貿易を始めることを当然ためらうだろう。以下は、経営層が海外貿易に参入する際に、口にするに違いない懸念である。

- **われわれは、その国で話されている言語を知っているか？** アメリカ企業は、他の国といっても、カナダ、英国、そして中国の向こうのインドといった、英語が話される国に参入することを好んでいる。
- **海外のバイヤーは、ドルか、少なくとも広く流通された通貨で払えるだろうか？**
- **海外で取引や生産のライセンスを獲得するのは簡単か**―あるいは、ある国は非常に官僚的で、動きが遅くて、外国企業に対して偏見があるのではないか？　たとえば、インドは、国内市場に参入しようとしている外国企業にライセンスを与えるのを遅らせることで有名である。

- **収賄は、その国の重大な問題であるか？**　アメリカ企業は、連邦海外腐敗（不正）行為防止法（１９７７年制定）の規定に従わなければならない。ということは、この法律は、アメリカ企業が、この規制のない外国企業と海外で競争することを難しくするだろう。
- **その国は、経済的にも政治的にも安定しているか？**　ギリシャとスペインは経済的に不安定で投資には向かない。ナイジェリアは、米国の石油開発投資のため、いつも混乱している。企業は、他の国の巨額な対外負債や、政治的不安定、参入条件、法人税、関税やそれ以外の貿易障壁についても心配するだろう。さらに技術的剽窃、ブランド製品や販売促進のための宣伝を現地に適合させるための高いコスト、その国の商慣習についての乏しい知識が、懸念する問題になるだろう。

海外進出の決定が、損得の両面を持つのは明らかである。しかし、われわれには世界展開をするべきかどうかについての選択肢は、ほとんどないといえるだろう。海外企業は自国の市場に参入し続け、われわれが国際化することを強要しているからだ。１９７０、80年代には、家電、オートバイ、自動車、トラック、複写機、カメラ、時計など、日本企業が米国産業にとって大きな脅威であった。１９８０年代から、韓国は、衣類や靴、おもちゃ、家具、そして何十ものその他の産業だけでなく、右の領域においても懸念される競合国になった。１９９０年代には中国が、これらの領域での脅威としてあとに続くことになった。そして、ほとんどの人々は、アメリカ企業だと思われている多く――バンタム・ブックス（Bantam Books、イタリア）、バスキン・ロビンス・アイスクリーム（Baskin-Robbins Ice Cream、英国）、ファイアストーン・タイヤ（Firestone Tires、日本）、そしてクレート＆バレル[28]（Crate and Barrel、ドイツ）――が実際は海外企業だとは知らないのだ。

世界中でもっとも成長しているのはどこか？

西洋諸国での売上がしだいに下がってきている時、あなたの会社が急速に成長する新興国で市場機会を探し始めることには意味がある。あなたの会社が、たとえばＢＲＩＣのような高度成長の只中にいる国への参入を考え、それが会社の成長にとってベストになる決定をすると仮定しよう。その時あなたの会社は、主要各国のＧＤＰ成長率を予測しているＩＭＦの統計を利用できる（図表５－１を参照）[原注4]。

〔図表５－１　IMF による2013年の GDP 伸び率の推定〕

- 2013年、グローバルな成長は3.9%。
- 2013年、先進国経済はわずか1.9%。
- 2013年、新興国市場は5.9%。
- ユーロ圏は、0.7%。
- 2013年、イギリスは1.4%。
- イタリア、スペイン、ポルトガルとギリシャは、マイナス成長（縮小）。

（ニュースソース：2012年７月15日　ロイター）

ここで推定された２０１３年のＧＤＰ成長率から、３つのグループが考えられる。(1)高成長（４・０％以上）、(2)低成長（０％以上、４・０％未満）、そして(3)マイナス成長（０％未満）である。成長を求めるなら、(2)や(3)番目のグループのどの企業も、(1)のグループに成長機会を発見しなければならないのは明らかである。(1)のグループとは、主として中流階級が素早くできつつあるＢＲＩＣの国々と、それ以外の２、３の大きな国である。それらの国民は、より価値の高い商品への所有欲が旺盛で、生活の質を向上させる―これらの望ましい商品とサービスに対して対価を払う手段を持ち始めている。

　われわれが前章で引用した事実を検討しよう。中国は迅速な都市化のために多くのニュータウンを造っている。これは、

■訳者注

28 家具製造小売り。

セメントや、鉄鋼、家具、建築サービス、そして他の建築物を販売する企業にとっては、最高のニュースである。中国には、目下、工事中の新しい高層建築が点在しており、たとえ会社が中国の建設産業そのものには参入できないとしても、いったん建物が完成したなら、その建物を管理したり、そのための商材やサービスを供給したりする産業には、参入できるチャンスがあるだろう。あらゆる建物は、リビングルームやベッドルームのために、冷暖房システムや、水まわり設備、バスルームの備品、台所機器、そして家具を必要とする。そういった産業で事業を営む企業は、すべての新築物件から利益を得ることによって、財産を築くことができる。たとえば、ＵＴＣ[29]のキャリア暖房や空調設備部門、オーチス・エレベーターは中国でとてもうまくやっており、コーラー（Kohler）は衛生陶器のリーダー企業である。

中国は、貧しい人々を減らして成長する中流階級をつくるという偉業を成し遂げた。この新しい階級は、外国産ワインつきの素晴らしい食事や電子機器、もっと上質の洋服、見栄えのする家具、美容院、医療や教育サービスなどを求めていて、それらを消費する手段も持っている。機会のポケットは、成長の速い国々でみられる成長の速い産業においては、かなり確実に、そして、より豊富にあるのだ。

さらに、あなたの会社は、他の高度成長している国に参入することを検討しなければならない。前述のＡＳＥＡＮ地域のアジア10カ国が、高い成長率と6億人以上の消費者を抱えていることを考えてみてほしい。これらの国の市民は、一生懸命に働き、西欧諸国の生活水準を手に入れたがっているのだ。あなたの会社はＡＳＥＡＮコミュニティのどれか１つ以上の国で、強いポジションを確立することができる。それだけでなく、まもなく離陸寸前となるアフリカの成長いちぢるしい国々にも目を向けなければならない。たとえば、南アフリカやエチオピアは、高い成長率を持つ。彼らは対外投資を引きつけていて、多くの海外製品やサービスを買っている。プロクター・アンド・ギャンブル（Ｐ＆Ｇ）は、この高い成長を利用して、使い捨てオムツを生産するために南アフリカに２億ランド[30]の新しい工場を建設した。

もちろん、われわれは、それらのより速い成長経済に飛び込んでいくかどうか見極めなければならない。グローバルに拡大を検討しているどんな会社も、事業を始めるどこの国でも、５年間の経費や収益の見込みを立てる必要がある。多くの国は、すでにあなたの会社の競争相手を引きつけている。このことは、顧客を引きつけるためには、あなたの会社はさらに差別化できる何かを提供できなければならないことを意味している。

■訳者注

29 ＵＴＣは、ユナイテッド・テクノロジーズ（United Technologies Corporation）の略称。同社は、アメリカの多国籍企業で、キャリアやオーチスなどのメーカーを傘下にもつ。

30 １ランド（Ｒ）＝約10円（２０１３年１月現在）。

さらに、あなたは、どの都市に最初に参入すればベストかを決めなければならない。あなたが中国進出を考えているならば、北京か上海、広州、香港か、あるいはどこか別の主要都市で事業を始めるべきだろうか？　どの都市が最も潜在成長率の高いローカル・ポケット[31]になるだろうか？　あなたの会社は、どの都市があなたの会社の商品と能力にとって、もっとも適合する機会をもたらすマイクロ・エリア[32]なのかを、判断する必要がある。たとえば、アップル製品の主要な生産者であるフォックスコン[33]は、人件費の高い東海岸の深圳から、西部の成都や中央部の鄭州に工場を移動させたぐらいである。

海外事業に求められる能力は何か？

どんな会社も、海外事業に熟達している従業員を最初から用意せずに海外進出するべきではない。あなたの会社には、その苦労を始めるのにふさわしい人材がいるだろうか？　中国での事業を始めるにあたって、これまで米国外にいたことのないマーケティング担当役員を送り込むことがばかげているのは明らかである。彼が中華料理店で食べたことがあるという事実以外に、中国についてほとんど知識を持ち合わせていないのは困る。彼は、言語も、文化も、商慣習も知らないだろう。ということは、海外進出にあたっての第1のルールは、あなたが事業機会を評価するのをサポートする――そして、あなたが実行するのを助けてもらう――ために、参入しようとしている国々で営業したことがある経験豊かな人あるいはグループを雇うことである。

難しいのは、その海外の事業のエキスパートの査定である。というのは、彼らがどれほどのものなのかを知る程には、彼らを個人的に把握していないからである。最初に雇った人たちが、多くを成し遂げられないとしても、彼らはその理由を多く挙げればよい。その場合、次のグループに、彼らがやってきたチャレンジや課題を与え、よりうまくやりこなせるかどうかをみてみるのがよいかもしれない。以下は、われわれが海外市場の進出で伝えたい物語である。

米国の靴会社のＣＥＯは、靴市場を開発するために、最高のセールスマンをアフリカの小さな国の農村地帯に行かせた。彼は元気なく戻って来て、「市場はありません。彼らは靴を履かないからです」と言った。失望したＣＥＯは、もう1人のセールスマンを同じ国に行かせることにした。1ヵ月後、そのセールスマンは靴の大量の注文を送ってきた。彼のメッセージは以

■訳者注

31　意味としては現地の市場であるが、小銭が入っているポケットや財布という印象を与えている。

32　注31と同様、現地の市場という意味で使われている。ここではマイクロという点で、ピンポイントの一カ所という意味になっている。

33　台湾の電子機器受託生産（ＥＭＳ）企業。

下の通りであった。「ここの人々は靴を履きません。でも、彼らは足をよく怪我していました。私は、彼らの部族の首長と接触して、彼に靴を履かせてみました。彼は、その靴が大変気に入り、村人全員の注文を受けたのです。ボス、とても簡単な営業でした」この物語は、明らかに、セールスマンとマーケターの違いを正確に指摘している。

海外市場に参入することを決めたなら、多くの学習をする心づもりでいた方がよい。国際進出する企業は、きっと最初は多くの損失が出るだろう。それらの企業は、間接輸出、直接輸出、ライセンシング、ジョイント・ベンチャー、海外営業所と海外製造支店という段階を経験しながら、じかに学んでいく必要がある。国際化の最初の目的は、利益ではなく、生き残りだ。そうなると、一級ではないマネージャーにはグローバル・マーケティングは任せられない。国際市場に進出するといつも驚くことばかりだが、優れたマネージャーは驚いているばかりでなく、それらの驚くべきことを手際よく処理するようになるだろう。多くの外国企業は海外派遣したマネージャーで海外事業を始めるのに、すぐに彼らを西欧諸国の教育を受けた現地出身の役員と入れ替えてしまう。そういった役員は最初、本社のある国で訓練を受け、そのあと管理職として海外に配属される。その一方で、最初に海外派遣した経験豊富なマネージャーは本国に引き戻される。

あなたが外国で非常に魅力的なマーケティング機会を見つけ、あなたのスタッフがそれを攻略するビジネスプランを設計する必要があると仮定してみよう。以下は判断が必要ないくつかの主要問題である。

- **海外のバイヤーは、現在の製品・サービスを受け入れるだろうか、あるいは、彼らには製品やサービスを変えた方がよいだろうか？**　食品会社のクラフトは中国にチーズ製造工場を建てたが、漢民族の90％が乳糖を好まず、チーズ嫌いのせいで失敗した。対照的に、中国は世界でも有数のフランスワイン市場となっている。
- **企業は、海外に自社専用の生産設備をつくり運営するか、あるいは外注化して、管理、監視するべきなのか？**　アップルは台湾のフォックスコンに外注しており、ナイキは１００パーセントの外注戦略をしている。
- **企業は、価格を、販売初期に製品の浸透を速める低水準か、あるいは利益を確保する高水準か、どちらで設定すべきだろうか？**　マルボロ・タバコは、古くからのローカル・ブランドと競争するために、外国市場では低価格で参入した。マルボロは、市場占有率を上げるために中国の由緒あるブランドに比べて非常に安い価格で中国市場に参入したところ、そのあと、価格を上げるのに苦労した。
- **企業は、その国ですぐに売れる製品／サービスにするために、どんな卸売業者や代理店と**

取引すべきだろうか？　電子商取引ウェブサイトは、国内外の新製品をさらに流通しやすくさせるための一番安くて最もアクセスしやすいルートになっている。

- **企業は、製品がよい状態で、時間通り確実に目的地に着くために、どんな物流会社とつき合うべきか？**　フェデラル・エクスプレスや、UPS[34]、DHL[35]が、グローバルな航空貨物を支配している。一方、海上貨物には大きな企業がないので分断化されている。プロ・ロジスティクス（Pro Logistics）[36]は、倉庫（保管）業と貨物輸送では、グローバルなリーダーである。
- **企業は、これらの業務リスクをカバーするために、どんな保険を購入しなければならないだろうか？**　大部分のグローバル銀行は、取引信用保険を提供している。
- **企業は、外国の買い手への提供物やサービスに、どんな取引を含めなければならないだろうか？**　ジーメンス（Siemens）[37]や、ボッシュ（Bosch）、GE、ボーイング（Boeing）は、国際取引での資金融資のリーダーになっている。その取引では、彼らの顧客が主要機器の購入に際して長期支払い計画を立てられるようになっている。他のサービスとしては、国境を越える取引サービス、国境を越える消費者に対する直接的なサービス、国境を越える商業の存在、そして国境を越えた人材派遣を行う企業もある。

国際取引で成功する会社には、以下の特徴がある。

- 企業は、積極的に利益機会を海外に求めて、関係を築くのである。ＧＥやジョンソン・エンド・ジョンソンは、最も活動的なグローバルなマーケターの例といえる。
- 国際担当副社長やそのチームには、高い能力があり、海外経験も豊富である。多くのグローバル・マーケティング・チームの本部は、一層国際化している。
- 国際部のスタッフは、各マーケットを慎重に研究し、それに応じて会社の提供物とプログラムを手直しする。会社のスタッフは、国際的な専門家を雇ったり、独自のグローバルな産業研究とレポートを継続的に利用したりしている。さらに、国際的なスタッフたちは、国ごとに、明確にデータに基づいたイノベーティブで、説得力のあるマーケティング戦略を作成する。それでも、国際戦略には社内内部だけで十分な資源をつくれる会社はない。

■訳者注

34　アメリカの巨大国際物流会社。ＵＰＳは、United Parcel Service の略である。日本ではクロネコヤマトと提携をしていた。

35　ドイツの巨大国際物流会社。Adrian Dalsey, Larry Hamilton, Robert Lynn が１９６９年に始めた。ＤＨＬは彼らの名字の頭文字からとっている。

36　マレーシアの物流会社。

37　ドイツの情報通信、電力、交通、医療、家電まで扱うコングロマリット。

それは、「地域」コンサルタントの仕事になる。

- 本社は、各国の企業スタッフたちに、既定の目的を達成するための十分な資金を提供する。

海外で成功するためには、あなたの会社と従業員が、異文化を理解し、連携を保って、顧客が実際に必要とし、他では得られないものを提供する必要があるだろう。

結　論

成長を一番約束してくれる道順の1つは、とりわけ低成長経済下での企業のために、高度成長の経済、特にBRICの国々の――しかし、実は多くの他のところでも――機会にざっと目を通すことである。海外投資と輸出にすでに携わっている企業は、これらの可能性について、今以上に注意を払うべきである。海外取引に「関係しない」企業でも、販売と海外投資に関する利益と障壁は慎重に調べておくべきであろう。高度成長経済下では中流階級が増加する。彼らの多くは、家電製品、家具、サービスのより良い配送、教育、医療サービス、そしてよりまだ見ぬ快適な暮らしを求めている。海外の政府や企業は言うまでもなく、低成長経済下の企業は、海外の成長する中流階級に自分たちの商品をたくさん供給することができる。外国市場での取引には乗り越えがたい障壁がもちろんあるだろう。そこには、言語や文化の差異、規則や政治といくつかの保護貿易主義の障壁さえ含まれている。下調べをしたり、事業に必要なスキルをもった経験者を雇ったり、事業機会を研究するために彼らに充分な予算を渡したり、コストとリスクに関して高いリターンが望まれるプロジェクトを提案したりすることは、企業が海外進出の前に考えるべき必須項目である。

質問

1　あなたの会社にとって、海外事業と海外投資において重要になることは何か？　あなたは、どの国で何を売り、どの国でそれをつくるのか？　あなたの競争相手は、海外事業にもっと深くかかわっているだろうか？

2　特定の海外事業をリスト化し、あなたの会社が直面している投資機会についてブレーンストーミングしなさい。どの機会が、最も有望だろうか？　機会を追求するならば、あなたの会社のマネジメント構造と同様に、製品、価格、売り場（取引チャネル）とプロモーションにおいてどんな変更をする必要があるだろうか？　あなたはそれを引き受けるのか、あるいは引き受けないのか？

3　あなたの会社の海外事業と海外投資を管理して、規模を大きくする役割を果たすのは誰か？　あなたは、海外事業と投資効果を大きくするために、どんな改善を行うことができるだろうか？

第6章

合併、買収、アライアンス、そしてジョイント・ベンチャーによる成長

ビジネスを十分に大きく築き上げるなら、
それだけで尊敬に値する

ウィル・ロジャース[1]

多くの会社は、通常は、より良い製品、サービス、顧客へのケアを通じて、より多くの顧客の「投票」を獲得し、有機的に成長しようと努力する。市場は、顧客が競合他社の製品を比較し、意思決定するところであるから、会社にとっては自らを証明する展示場なのである。顧客ニーズや選好に対するより深い洞察を持ち、イノベーティブな思考をより活用する企業には、彼らが求める成長を達成できる見込みがある。

けれども、一部の会社は、その成長を速めることを考慮し、買収（acquisitions）、合併（mergers）、戦略的提携（strategic alliances）、ジョイント・ベンチャー（joint ventures）に取り組むことによって、一層上手に提携相手の資本を使うことも考える。競合他社を買収することは、時には競争することよりも良い解決策になるようである。買収は、しばしば関係する製品カテゴリーに参入するために不可欠でもある。たとえば、ＢＨＰビリトン（BHP Billiton）[2]は１２１億ドルの現金でペトロホーク（Petrohawk）[3]を買収したが、このことで天然ガス資産

■訳者注

1　William Penn Adair 〝Will〟 Rogers（１８７９－１９３５）は、アメリカのコメディアンでユーモア作家でもあり、社会評論家と俳優でもあった。

2　世界最大の鉱業会社。オーストラリアとイギリスにそれぞれ個別に上場しているが、経営層はメルボルンにいる。

3　アメリカのエネルギー会社。

を求めてやまないこの鉱山ジャイアントをますます強力にした。会社が、自社製品やサービスのラインの性能を向上させるイノベーティブな部品やシステムを、独占的にコントロールしようとするのはよくあることだ。更には、会社が流通チャネルに独占的、優先的にアクセスできることはもっとたびたびある。P&Gとウォルマート（Wal Mart）の有名な戦略的提携では、両社にとってプラスとなった。つまり、この戦略的提携は、ウォルマートにはブランド・ステータスを与え、P&Gには市場へのアクセスをもたらした。

われわれは、国際化することが成長する1つの方法であると第5章で議論したが、それ以外にも外国の会社の買収や提携という形を考えることもできる。しかし、各国には、買収や提携について、それぞれ独自のルールがあることを理解しなければならない。特定の国では、彼らの市場に参入するために、最低限の条件としてジョイント・ベンチャーを必要とする。成長の途を模索している会社は、合併、買収、戦略的提携、ジョイント・ベンチャーに精通しなければならない。

1　なぜ、会社は、自らの成長目的の追求において、他の企業の買収、合併、提携、あるいはジョイント・ベンチャーまでを考えるべきなのか。

2　会社が買収や合併するにふさわしい会社を見つけられたと、どのように確認するのか？

3　会社を買収し、同化するプロセスにおいて、どういう大きな問題が起きるのか？
4　成長の方法として、提携とジョイント・ベンチャーはどうか？

なぜ、会社は自らの成長目的の追求において、他の企業の買収、合併、提携、あるいはジョイント・ベンチャーまでを考えるべきなのか。

明白である。会社は、孤独なカウボーイとして成功することはありえない。組織は、常に、なんであれ他の組織と関わっていなければならないからだ。会社は、サプライヤーから仕入れなければならないし、流通業者に販売したり、彼らを経由したりしなければならない。会社は、規制、課税、あるいは入札を管理する政府機関のエージェントと関わらなくてはならない。企業が他の企業と築く関係の選択と維持が、成功を決める。ＧＭは、たとえば、エンジン、ブレーキ・システム、座席のシステム、ダッシュボード・システム、他の自動車の部品を供給する異なる会社とともに仕事をしている。フォード（Ford Motor）は、独自のパートナー企業群を使っている。もし、ＧＭとフォードのどちらかが、もっとうまくパートナーを選び、それを運営するならば、競争相手を上回る成果をあげられそうである。マーケットのリーダーになるには、自分自身への責任と同じく、選んだパートナーへのリーダーシップの責任を負うのである。

なぜ、買収や合併なのか？　あらゆる会社は、場合によっては、他の会社と市場ベースでの関係を続けるべきかどうか、それとも合併さえも考慮して、実質的に支配するかどうかを考える。「買収」とは、完全な所有権、または、他社をコントロールできる出資比率の支配のことである。それとともに、買収企業を同化させるか、それともいくつかの必要な修正はあるにしても、そのまま運用するのかということから考える。「合併」とは、合併会社として新しい法人をつくることに決めた2社を意味する。合併は、一般的に、2つの対等な会社の間で起きる。いくつかの例として、エクソン・モービル（Exxon Mobil）とＪＰモルガン・チェース（J. P. Morgan Chase）の成功した合併と、アルカテル（Alcatel）とルーセント（Lucent）[4]の合併失敗例がある。以下の大部分の議論で「買収」という言葉を優先して使うが、それは同様に合併にも関連している。

どんな会社も、原材料に始まって、半完成品の材料、さらにはさまざまな流通業者によって最終顧客に販売されたり、輸送されたりしなくてはならない完成品まで、広く伸びる「サプライチェーン」の一部である。状況に応じて、会社は他社との垂直的な統合であったり、あるいはサプライヤー（後方統合）や流通業者（前方統合）との統合を検討したりするだろう。こうする主な理由は、供給または流通をより強く制御したり、コストを下げたりするためである。

ＧＭは、これまでの事業期間内で数多くの買収を行い、競合やサプライヤーを買い集めてきた。２００９年には、ＧＭは世界的なステアリング・ビジネスを行うデルファイ・オートモーティブ（Delphi Automotive）の部品会社をいくつか買収した。この買収はＧＭの長期計画に合致していて、ＧＭは重要な電子機器の供給をもっとうまくコントロールできるようになった。サプライヤーや流通業者、あるいは競合他社でさえ買収することで、マーケットの力に頼っているだけとは違う企業のオーナーシップ・パワー（所有権による支配力）が得られる。その主要な目的は、シナジー効果を利用することである。ただ、買収は逆効果をもたらすこともある。２００９年にＧＭがチャプター・イレブン[5]で再建したあと、２０１１年にデルファイはＧＭから自社株を買い戻した。

企業がもう１つ他の企業を買収したいと考える具体的な理由は次の通りである。

- 競合他社を取り込むことによって、販売収入、市場占有率または収益性を増やす：ＧＭに

訳者注

4　いずれも通信・装置メーカー。

5　アメリカ合衆国連邦倒産法第11章のこと。

よるキャデラック（Cadillac）、ポンティアック（Pontiac）、シボレー（Chevrolet）、オールズモービル（Oldsmobile）、他の自動車ブランドの買収。

- 新しいビジネスや市場に参入する：Ｐ＆Ｇによるジレット（Gillette）の買収。
- 新しい地域への参入：キャドバリー（Cadbury）はイギリスと英連邦で非常に強いが、その買収主であるクラフト（Kraft）は存在感が薄い[6]。
- 供給サイドの支配力の増大：２０１２年、中国の建設業界リーダーである三一集団（Sany）は、品質の改善のため、ドイツのコンクリート・ポンプ・メーカーであるプツマイスター（Putzmeister）を買収した。
- 余剰人員と運営経費の削減化・効率化：鉄鋼会社アルセロール・ミタル（Arcelor Mittal）とセメント会社セメックス（Cemex）は、ともに、効率を一層高めるために世界中で彼らの産業を統合した。
- 規模の経済または範囲の経済性の向上：コンチネンタル航空（Continental Airlines）とユナイテッド航空（United Airlines）は合併により、世界最大の航空会社となった。
- ブランド・ポートフォリオの拡大：コカ・コーラはスプライト（Sprite）のような炭酸飲料や、トロピカーナ（Tropicana）のようなジュース、それに、ダサニ（Dasani）のような水でも、ブランドを買収することで成長した。

- 実際的にも潜在的にも収益性の見込める会社をうまいタイミングで買収することによって、利益を増やす：ウォーレン・バフェット（Warren Buffett）が有する持株会社バークシャー・ハサウェイ（Birkshire Hathaway）は、利益をあげる機会を絶えず探している。彼らは、多様な産業における40以上の企業の所有権を１００％獲得している（たとえばアクネ・ブリック（Acme Brick）、デイリー・クイーン（Dairy Queen）、ネットジェット（Netjets）、ヘルツバーグ・ダイヤモンド（Helzberg Diamonds）、などなど[7]）。

他の会社を買収したいという願望は、必ずしも友好的な行動とは考えられない。実際、われわれは**友好的買収**（*friendly takeover*）と**敵対的買収**（*hostile takeover*）を区別したほうがよい。友好的買収の場合、買収を目指す会社は、ターゲットの会社の所有者または取締役会に、その会社を購入したい旨を通知する。もし、取締役会が会社を売ることでステークホルダーや所有者の最適な利害を提示できると信じるのならば、彼らはそこから協定に向けて協議をはじめる

訳者注

6　いずれも菓子メーカー。

7　順に、建築素材メーカー、ファーストフード・レストラン・チェーン、プライベート・ジェット、宝石販売会社である。

ことになる。

しかし、敵対的買収では、相手の取締役会または所有者は、会社を売却することを望んでいない。買収企業は、それゆえ、ターゲットの会社の抵抗に対して、買収を成し遂げるためにさまざまな戦術をとる。買収企業は、ターゲットの会社の現在の市場価格より高めの価格を公式に提示し、株式の公開買付けをすることができる。もし、ターゲットの会社がまだ抵抗するならば、買収を目指す会社は、乗っ取りを承認する新しい経営陣に票を入れるのに十分な株主（通常、絶対多数）を説得する委任状争奪合戦に入る。あるいは、買収を目指す会社は、乗っ取りを受け入れる新しい経営陣に投票するのに十分な株式を、一般市場で人知れず購入することもできる。敵対的買収の問題は、買収企業には、ターゲットの会社に関わるすべての情報を得るのが難しいことである。隠れたリスクが脆弱さを生み出すのだ。銀行はサプライズを望まないので、買収企業は銀行から融資を受けにくくなる。数少ない有名な敵対的買収の事例もある。ヒューレット・パッカード（HP）のコンパック（Compaq）の敵対的買収はその１つである。クラフト（Kraft）がキャドバリー（Cadburry）を買収しようとして、結局２１０億ドルで合意に至ったのだった。

友好的であろうと敵対的であろうと、どんな買収でも考えなければならないことがある。価格は公正か？　見積り額はどの程度か？　経済状況が悪化したとき、買収者はそれでも買収をする余裕があるか？　必要な資金を集め、再統合し、買収をやりとげることができるのか？買収者は、被取得企業の人材、クライアントとサプライヤーと関係を保つことができるだろうか？　技術上のリスクは何か？　買収した会社は、売却するさいには分割できるだろうか？

買収は、どれくらい成功してきたか？

この領域の主要な専門家はマイケル・ポーター（Michael Porter）である。彼は、33社のアメリカのいろいろな規模の会社の多角化について、30年以上の記録を調査した。それら多角化の内訳は70％以上は買収、22％はスタートアップ企業、そして8％はジョイント・ベンチャーによるものであった。ポーターは、１９８７年5月のハーバード・ビジネス・レビュー誌[原注1]で彼の研究を発表した。彼は「企業戦略の実績は惨めなものだった…彼らの大半は、買収先を引きとめるよりも投げ出した。大部分の会社の企業戦略は、株主価値を生み出すことなく消えていった」その結果、ポーターは、以下のように締めくくった。「経営層は、ステークホルダーを多様化させせなければならない」

コンサルティング会社ＫＰＭＧが見出した結果は、さらに期待外れだった[原注2]。なんと、半分以上の合併はステークホルダーの価値を破壊し、6分の1足らずがステークホルダーの価値を増やし、そして、3分の1以上ははっきりわかる差が生じなかったのだ。そして、合併がかなりのトラブルと出費を必要とすることから、ＫＰＭＧは、買収の失敗する割合を6分の5

（83％）と見積もっている。

企業の合併と買収を議論するとき、2、3の悪名高い失敗が思い浮かぶ。1991年のAT&TによるNCRの購入は、AT&Tにとって驚くべき損失に終わった。1999年のミタルによるラーニング・カンパニー（The Learning Company）の36億ドルでの購入は、16ヵ月後には4億3000万ドルで売却しなければならないほどの、おぞましい結果となった。ダイムラー・ベンツ（Daimler Benz）は、1998年にクライスラー（Chrysler）と合併したが、しかし、2007年5月に最終的な売却が決まるまで、ずっと損失を積み重ねた。また、2007年には、マイクロソフトはオンライン広告企業のクアンティブ（Quantive）を購入したが、彼らは2012年に62億ドルののれん代の評価損をしなければならなくなった。

なぜ、多くの買収はだめになるのか？　これには、買収する前の入札者の心理的な問題について、多くの説明がなされてきた。

- **買収者は、高価な取引の最中にひどく気分の高揚を感じる。**

投資銀行家、コンサルタント、弁護士、プレス関係者がこの熱をあおる。これは、テストステロン中毒（*testosterone poisoning*）と呼ばれている。ポーターは、この傾向について、こうした取引の大半が、ステークホルダーにとって価値のある企業規模を勘違いしている上司によってなされたため、と論文中で推測する。

- 買収者は、交渉期間中、挑戦しなければならないことよりも、好機ばかりに目が向く。買収のニュースが漏れると、買収企業の社員すら、多くは近い将来に人員削減があると考える。それは無理もない話だが、彼らは休暇をとり、ステークホルダーの価値を十分に下げて会社を去っていく。買収される企業の人々もまた、近い将来に人員削減があると考える。そして、これも無理もない話だが、彼らはその前提に基づいて行動することになる。
- 買収される企業は、占領された土地で敗軍のような感覚を持ち、歴史が繰り返すように、仕事を放棄してしまう。

　2つの会社では、戦略、戦術と組織が違うので、文化的衝突が起こる。これは、買収された企業の従業員の動機づけに失敗することが問題である。

- 従業員は、新旧2人のボスのために働いているように感じてしまうかもしれず、この混乱は長くは続けられない。

たとえそれが「同等の合併」として始まったとしても、結局は一方が勝ち残ることになる。

- 買収するほうの会社は、買収のためにあまりに多くの支出をしたことを学ぶ。

買収した会社は、隠れた負債を発見するかもしれない。買収される企業は、別の買収提案企業が最大のキャッシュを提案するように、努力をするだろう。その結果、入札者が高値を入れてしまい、勝者は、勝利したが故に敗者となることがある[原注3]。

もちろん、われわれは、すべての買収が失敗で終わる、と結論しないように注意しなければならない。買収や合併に成功した例もたくさんあって、それらの中には、その会社の将来の成功にとって不可欠だったものもある。たとえば、グーグルのダブル・クリック（Double Click）の買収は、検索エンジンの広告売上でグーグルをリーダー企業にした。われわれは、さらにグーグルによるユーチューブの合併や、ディズニーとピクサー（Pixer）の合併、ゼネナル・ダイナミクス（General Dynamics）とアンテオン（Anteon）[8]、P＆Gとジレットの例を付け足さねばならない。

買収や合併にふさわしい会社を見つけたとどのようにして確信できるのか？

以下の状況を考えてみよう。中国は、営利目的のために航空機を手に入れる必要がある。ボーイングかエアバスから、飛行機を買うことができる。または、自分自身で飛行機を製造すると決定することもできる。その場合は、エンジン、翼、航空電子工学、ドア、車輪などの部品が必要になる。そして、各部品のベストなサプライヤーを選ばなければならないだろう。それはサプライヤーから買うかもしれないし、サプライヤー自体を買収するかもしれないし、それとも提携するかもしれない。しかし、既存のサプライヤーは、中国での改良を恐れて最新の機器を販売しないだろうから、中国の中国航空（Aviation Industries Corporation）は、専門パーツやコンポーネント、システム、装備のためにアメリカ、ヨーロッパ、日本で積極的に新しい買収先を探すことになる。

　買収を行う会社は、買収する企業の顧客とサプライヤーをあらゆる方向から調べ上げ、注意を十分に払い、買収する企業に隠されたいかなる負債、あるいは責務や財政的義務が残されていないことを確信しなくてはいけない。いろいろな問題について若干の不安はいつも存在するものである。買収された企業のマネージャーや従業員が新しい企業に留まり、管理しやすいかどうか、それから、買収した企業の顧客が新しいマネジメントのもとでも仕事をし続けてくれるかどうか、他の企業に購入先を替えるかどうか、などである。コンパックのトップ・エンジニアやマネージャーの多くは、ＨＰによる買収の後で会社を去った。

■訳者注

8　重機械メーカー。

会社を買収し、同化するプロセスにおいて、どういう大きな問題が起きるのか？

他の会社を得ることで生じる2つの大きな問題は、規制とファイナンスである。買収企業は、その他の企業の所有権を取り込む際には、弁護士を利用するか、あるいは雇って手続きを進めなくてはならない。最初の問題は、政府がこのことを認めるかどうかである。政府は、買収によってその産業での競争が大きく損われないように望んでいる。たとえば、2003年に、米連邦取引委員会（FTC）は、ドレイヤーズ・グランド・アイスクリーム（Dreyer's Grand Ice Cream）とネスレ（Nestlé）の合併に疑問を呈し、この合併を阻止した。ネスレがその時、超プレミアム・アイスクリーム市場の60％を押さえていたことから、FTCは、この合併により3つの会社が2つだけになってしまって、市場での競争が損なわれると考えたからである。FTCは、この支配力によって、顧客にとって商品の多様性が失われ、選択肢を減らし、高価格につながると主張した。その後、ネスレは、FTCの反競争であるとの告発を解決するために、3つのドレイヤーズ・ブランドと、いくつかのネスレの流通資産を放棄することで同意し、合併が進んだ原注4。

政府が合併を反競争的とみるかどうかの決定には、かなりの時間がかかるのは明らかである。

一日問題が解決し合併が許可されれば、そこから、２つの会社からのチームは、数週間、数ヵ月または数年にわたって交渉を行わなければならない。各当事者は、それぞれ最大の利益を求めながら、どこかで互いに妥協する必要がある。適正な価格と支払期間の決定は、まさに大きな課題の１つである。多くの場合、これがお互いに同意できないポイントとなり、その結果として、２つの会社の間で交渉が途絶える結果に終わる。

合併が国家の安全を脅かすならば、政府も反対するかもしれない。アメリカの海外投資委員会（ＣＩＦＩＵＳ）は、アメリカの会社や事業において海外投資の国家安全への影響を審査する機関横断的な委員会である。ＣＩＦＩＵＳのセキュリティ問題に対した懸念として、２つの顕著なケースがある。香港・ハチソン・ワンポア（Hutchinson Whampoa of Hong Kong）[9]に対し、グローバル・クロッシング（Global Crossing）[10]の入札から手を引くように強制し、また、ユノカル（Unocal）[11]の取締役会に対して、中国海洋石油（China National Offshore Oil Corporation：CNOOC）による１８６億ドルの入札を拒絶するように指示したケースである。

■訳者注

9　コングロマリット。
10　ネットワーク会社。
11　石油メーカー。

ユノカルは、シェブロン（Chevron）によって10億ドル以下で購入された。

通常ここがトラブルの始まるところなので、買収が一通り進んでいると仮定しよう。買収を遂げた会社は、2つの選択に直面する。1つは、まるで買収などなかったかのように、買収した企業の経営を以前の経営陣によって続けさせることである。これは、中国企業が西洋の会社を買収する一般的なパターンである。たとえば、三一集団は、プツマイスター（Putzmeister）のドイツの工場をそのまま運営することで同意し、ドイツのマネジメントは買収後も以前のままである。何も変わらないので、このオプションは買収された企業にとって最も円滑な移行ですむだろう。買収された企業が期待通りに経営され、その目的に合致する限り、われわれはその買収を成功と呼ぶことができる。

2つ目の選択は、買収した企業が相手企業をいくつかの点で変更する決定をしている場合である。たとえば、従業員の数を減らしたり、旧経営陣を刷新したりするかもしれない。ノースウエスト航空（Northwest Airlines）を買収したデルタ（Delta）の場合のように、被買収企業の社名を変更するかもしれない。購買、在庫管理、マーケティング・販売、生産、その他のプロセスを変えると言って譲らないかもしれない。この2つ目の選択は、買収された企業に暗い影や、以前の残影を残す羽目になりかねない。これは、日本企業が海外企業を買収するときの一般的なパターンである。

このやり方はあまり望ましくなく、難しいように聞こえるかもしれないが、われわれは2つ目のやり方をよく理解できる。結局、サプライヤーを買収するときに一番大事なことは、買収した企業のニーズに適合させることだからである。買収企業が何も変えようとしないのであれば、どうして他の企業をわざわざ購入するのか？　サプライヤーの1つであったり、提携関係の形式をとったりすればよいだけではないか。買収をした会社は、購入するという目的からして、その会社を再構築する権利を確かに得たのである。このことが買収された会社で理解されていないとき――不幸にもしばしばそうなるのだが――問題が起きる。

しかし、この再構築がひどい失敗に終わるならば、買収した会社自体もかなり傷つくことになる。シアーズ（Sears）がKマート（Kmart）と合併したときのように、買収した会社が今度はもっと危険なポスト合併候補になるかもしれない。買収した会社は、より高いデフォルト（債務不履行）の危険性を結局負うことになるかもしれないからだ。実際、新しい会社（シアーズ・ホールディングス）は、本当に何もできていない。もっと大きな負債を負っている企業が買収したと考えてみよう。その企業にダウンサイクルが生じたために、後で必要な支払いに応じることができないならどうなるだろう。または、買収がより健全な動機のためというよりも、むしろ自社の補償を改善しようとしている経営陣によって実施されたならどうなるだろう。

成長の方法として、提携とジョイント・ベンチャーはどうか？

もし、会社がそのリスク故に買収では事業成長はしないと決め、さらに自らの力で成長することも難しいと判断してもまだなお、考慮すべきオプションが2つある。戦略的提携またはジョイント・ベンチャーである原注5。

これら2つの違いは次のように説明できる。

- **戦略的提携**は、より非公式で、いくつかのビジネスを一緒に取り扱う2つ以上の会社の合意をいう。
- **ジョイント・ベンチャー**は、より公式的な合意であり、特定の目的のために、通常は限られた期間だけ、2社の間でつくられる独自の法人である。

これらのどちらも、国内の2社の間で、または、国内と国外の会社の間でつくることができる。もちろん、2つのアプローチには多少の違いがある。悪名高いケースは、マイケル・ジャクソンのセレブリティブランドとペプシの提携である。

2つの国内会社の間の戦略提携

ビニー・アンド・スミス（Binney and Smith）によって所有されるクレヨラ（Crayola）製品と、創造的な芸術教育会社アブラカドゥードル（Abrakadoodle）の間での戦略的提携を考えてみよう。クレヨラは学生が使う有名なクレヨンを製造し、一方でアブラカドゥードルは学校や他の場所で学生のための授業を運営する。アブラカドゥードルは、クレヨラ製品をその活動のために注文することに同意し、広告目的としてクレヨラ・ブランドを用いる。次に、クレヨラはアブラカドゥードルにクレヨラ製品を割引して販売することに同意した。この戦略的提携は、子供たちの芸術的な創造性を育み、両社のためになるだろう[原注6]。

いわゆる共同ブランドを用いたプログラムに参加する企業の事例はたくさんある[原注7]。こうしたことが起こるのは、1つの製品やサービスの提供が主要なメーカーだけで行われているというよりも、他の多くの企業が関係しているときである。会社は、2つの名前の結合によりシナジー効果が得られることを期待する。更なる例がある。

- P&Gは、ジレットM3パワーのひげ剃り器と、デュラセル・バッテリー（(Duracell Batteries）ひげ剃りに用いるバッテリー）を市場に出す。この場合、P&Gは両社を所有している。

- シティバンク（Citibank）とアメリカン航空（American Airlines）は、クレジットカードでのジョイント・ベンチャーをしている。
- ベティ・クロッカー（Betty Crocker）のブラウニー・ミックスには、ハーシーズ（Hershey's）のチョコレート・シロップが含まれている。
- デル・コンピュータ（Dell Computer）は、インテル（Intel）のプロセッサーを使っているというラベルを貼っている。

根底にある考えは、よく知られたブランドネームを持つ企業でも、他のブランドのオーラを借りることによって、たぶん製品の信頼性を増すことができて、それゆえに売上も増やすことができるということだろう。もちろん、会社は、より弱いブランドや、問題を引き起こしたり、後にスキャンダルになるかもしれない会社との提携については、慎重でなければならない。

国内と国外の会社間の戦略的提携

会社がグローバル化して、ますます多くの企業が海外の市場に参入する。ますます多くの会社が、海外の市場に参入するために、戦略的提携とジョイント・ベンチャーを利用するだろう。実際、多くの外国政府は、参入の条件として、多国籍企業が現地のパートナーを見つけてジョイント・ベンチャーを行うことを義務づけている。企業としても、現地のパートナーは、現地のビジネスの実態やチャネルをより理解していると感じている。政府は何よりもまず、ジョイント・ベンチャーで国の資源が流出するのを防いだり、技術移転の利益を保全するために、パートナーのうちの1人として含まれることにすらこだわるかもしれない。

会社は、さらに多くの目的のために提携やジョイント・ベンチャーを行う。ある会社は、より優れた技術、高い資本力、より安い労働力、特定の材料、またはマーケティング・スキルへのアクセスを得るために、他の会社と結びつくかもしれない。ハードウェア、家具、アパレル、家電製品、そしてその他の消費者セクターでは、共同購入のための提携が数多くある。購入のボリュームが大きくなることで供給元価格を下げられるので、共同購入のための提携は人気があるのだ。ＴＣＰＮは、アメリカの全50州で最大の行政共同購入の提携機関である。トゥルー・バリュー（True Value）は独立した共同購買組織で、物販のための店舗を持っている。最大のホテルチェーンの1つであるベスト・ウエスタン（Best Western）は、独立したホテルやモーテルによる共同購入や共同マーケティングを行っている。

国際的なマーケティングとテクノロジーの提携も一般的になっている。たとえば、アドバンスド・マイクロ・デバイス（ＡＭＤ）は中国において方正集団（Founder Group）と提携した。方正は、ＡＭＤの64ビット・マイクロプロセッサーを用いたコンピュータを製造販売し、インテル（Intel）という最も支配的な選択肢の代わりをサプライヤーに提供した。ＡＭＤは、これらの提携を、中国において新しく事業を始めるための方法と見なした。提携とジョイント・ベンチャーが人気の理由は、会社は、リスクを共有できるパートナーを見つけないかぎり、普通は高いリスクのあるプロジェクトを引き受けたがらないからである。

提携パートナーは、もちろん多くの項目について、特に購入分担、収益と利益、損失と失敗のリスクをどのようにシェアするのかを検討しなくてはならない。慎重にパートナーを選ぶことは、非常に重要である。たとえ彼らが異なる存在であるとしても、目標を共有できる相手がいいだろう。パートナーは、補完的なスキルも備えているべきである。たとえば、一方は技術的スキルを持ち、他方は資本、強力なブランド、強い商標名や他の技術、またはパートナーが欠く資源等を持っているというのがよいだろう。会社は、対立を最小にするために、条件と了解事項を慎重に決定しなければならない。最も重要な要素は、パートナーがお互いを信頼するということである。

提携パートナーは、最初は平等に意思決定を行うが、しかし、時間とともに、一方のパートナーがより支配的になる傾向がある。支配的なパートナーが他のパートナーの要望に注意深く耳を傾けることは、成功のためには非常に重要である。

ジョイント・ベンチャー

持ち分について相互に貢献するジョイント・ベンチャーは、新製品を開発するための異なる会社がつくる新しい会社である。２つの組織は、収益、支出、資産を共有し、一般的に、ジョイント・ベンチャーを終えるまでの期間を設定している。新しい会社は、特定のプロジェクトを完了するという目的か、単に取引関係の継続を目的とする。新しいプロジェクトを始めるためのコストは通常大きいため、ジョイント・ベンチャーでは、両社がプロジェクトの負担も、最終利益と同様にシェアするようになる。

大企業には、他社の核となる強みと、自らの特徴的な強さを組み合わせて活かす多くのジョイント・ベンチャーがある。たとえば、世界最大のノート・パソコン受託メーカーである台湾の広達電脳（Quanta Computer）は、いろいろなＰＣ製品で使われるタッチ・モジュール、センサーと電子システムを生産するために、３Ｍとともにジョイント・ベンチャーをつくった。これは、以前はカジノ・ゲーム、教育、食品サービス、デジタル看板、健康管理、ＰＯＳ小売とセルフサービスのセクターのような垂直統合された市場に集中していた3Ｍタッチ・システムズ（3M Touch Systems Inc.）にとって新しい市場であった。最も成功した近年のジョイント・ベンチャーのうちの１つは、上海汽車工業（Shanghai Automotive Industries：SAIC）とＧＭによるものである。ＧＭのビュイック・リーガル（The Buick Regal）は中国のベストセラーのセダンであるとともに、ＳＡＩＣは、ロエヴェ（Roewe）やＭＧといった自分たちのプレミアムなラグジュアリー・ブランドを市場に送り出すやり方をＧＭから学んできた。

さらには、市場シェアが低い2社がジョイント・ベンチャーをつくり、市場シェアを増大させるような強みがでてくると、コンビネーションの良さを感じることがしばしばあるだろう。ソニー・エリクソン（Sony-Ericsson）は、携帯電話市場での巻き返しをはかるために、ジョイント・ベンチャーをつくった。ソニーは、エリクソンの技術的なリーダーシップに、自社の消費者向け電気機器におけるデザインの専門知識を合わせることを目指した。しかし、この事例ではジョイント・ベンチャーは失敗に終わり、そして12年間の不成功の後、ソニーは結局エリクソンを買い取った。それは、いまでも市場で奮闘している。

結論

たいていの会社は、自社の力だけで有機的に成長する。しかし、こうした自然の成長のようなものが、会社の財務やその他の目的を達成する成長を提供しなくなったらどうすべきだろうか？　コンピュータ・メーカーのＨＰは、有機的にだけ成長したわけではない。１９５８年に最初の買収をしてから２０１１年12月までの間に86回もの買収を行った。多くの提携も実施した。成長を望む会社は、買収、合併、提携、あるいは他社とのジョイント・ベンチャーについて真剣に考えねばならないのだ。

しかし、これらのアプローチの成功の記録は、特に買収による場合、あまりみごとだったとはいえない。実際、買収の50％以上は失敗に終わり、さらにそれ以上の企業が、期待通りにはいかないというデータがある。買収には異なる動機がたくさん関係し、そのすべてが賞賛されるべきものでもなく、また、特に敵対的買収の場合には、買収する前に、買収する企業のすべてを知ることはできないからでもある。

買収ができないとしても、あなたの会社は、戦略的提携またはジョイント・ベンチャーをつくることによって、依然として他社と密接な仕事をすることができる。さもなければ、あなたは通常の市場取引を通して、他の会社と関係するだけである。戦略的提携またはジョイント・ベンチャーをつくる理由は、たとえば技術、マーケティング、あるいはファイナンスのようなスキルについて、お互いが補完し合えるときに起きるシナジー効果を得ることである。あなたはパートナーを選ぶ際に注意を払うとともに、対立または誤解の可能性を最小にするために、その条件と了解事項をしっかりと把握するべきである。

質問

1 もし、あなたの会社が買収、合併、提携またはジョイント・ベンチャーを取り扱っているのならば、あなたは何をもって成功を評価するだろうか？ 失敗したならば、その主要な理由は、何であったか？

2 あなたが思うところの買収先をリストアップしなさい。各々の会社にとっての得失は何か？

3 あなたが思うところの戦略提携企業をリストアップし、それぞれの得失を示しなさい。

4 あなたが思うところのジョイント・ベンチャー企業をリストアップし、それぞれの得失を示しなさい。

5 あなたは、自社に対する注目度と売上を強化する方法として、自社のブランドに加えたいと思うブランド・ネームを持つ別の会社を思いつくか？

第7章

社会的責任の卓越した評判で成長する

見たいと思う世界の変化に
あなた自身がなりなさい。

マハトマ・ガンジー

ほとんどの新しい企業は、誰も提供できていないニーズを満たす――あるいは、他のサプライヤーよりもよりよくニーズを満たすことができると信じる――製品やサービスを開発することに集中することから出発する。もし企業がこれをうまくやり遂げれば成長するだろう。しかし、企業は、初めの段階では自身の社会的責任には考えが及ばないという可能性もある。なぜなら、企業は早い時期に、重圧のかかる毎日の苦労――製造、給与支払い、手ごわい相手との競争――に巻き込まれてしまうからである。

しかし、成長のある時点で、慈善団体や政党あるいは他の「錦の御旗」が貢献を求めて企業に近づいてくる。企業はそれらの要求をどのように扱うのか―とくに、増え続ける要求に対する金額や量を、決断しなければならない。最初は、企業は、彼らの要求に応えるために寄付をするかもしれない。それは成功のお返しとして他者に何らかのを還元をするという責任を果たすべきだとする信念からは外れていないからだ。しかしながら、将来のある時点で、企業は寄付による公共的な評判が売上を増やすと気づき、それらが真に気にすべきことで、真の違いを生み出す方法の１つであると考えるようになる。企業の社会的責任をそのＤＮＡに取り入れることをはっきりと宣言しようとする企業さえあるかもしれない―たとえば、アイスクリームメーカーのベン&ジェリーズ（Ben & Jerry's）や登山用ブーツやアウトドア・ウエアのティンバーランド（Timberland）がそうしているように。

今日では、どの会社も企業の社会的責任（Corporate Social Responsibility：CSR）を無視できない。消費者や買い手の多くは、製品が及ぼす環境や健康、そして個人・家族・コミュニティの幸福への影響について互いに話題にしていて、現在のような情報化社会では、あらゆる企業の製品・品質・技術、社会的取り組みについて簡単に知ることができるようになっているからだ。産業内での企業間競争が激しくなるほど、顧客にとってはほとんどの企業の価値が同等になってしまう。企業は、今までのやり方の延長線上に、大きくしたり、改良したり、違いをつくりながら、必死に差別化や自立化を探究してきた。今となっては、企業に残された主要な差別化の1つは、コミュニティや世界の状態をどれくらい気にかけようとしているかである。それを顧客にとっての社会的価値の競争余力（*competitive margin of social value*）と呼ぶことにしよう。

最近では、企業は自身にこう問いかけなければならなくなっている。われわれは単に金儲けのためのエンジンなのか」と。あるいは、「われわれはよりよい世界を、多くの人々に高い生活水準を――そしてわれわれ自身の成長のためにもっと多くの機会を、創り出したいと望んでいるのかと。

われわれは、本質的には、企業の評判や、それを高める方法についての話をしているのだ。

顧客が気にかける要素はさまざまだろう。たとえば、企業の製品やサービスの品質、経営者たちは有能かどうか、労働者の賃金は十分かどうか、企業はイノベーティブかどうか、そして顧客サービスは迅速かどうか、などである。しかし顧客はさらに、企業に対して以下の点を求める。すなわち、社会にかかわっているか、コミュニティにより貢献しているか、環境問題に関心を持っているか、そして顧客価値を明らかにしているか、である。将来的により多くの顧客が、企業に対して市民的な発想を持つよう求める可能性が高い。

この章では、以下の点を議論していく。

1　熱心な社会的責任（ＣＳＲ）への取組みは、企業の成長にどのように貢献するのか？
2　企業の評判を決める主要な要因は何か？
3　企業がサポートできる主な社会領域はどこか？
4　企業はどのようにすればその価値や社会的責任を伝えることができるか？
5　企業は組織的な売上や成長に対するＣＳＲの影響をどのように測ることができるのか？

熱心なCSRへの取組みは、企業の成長にどのように貢献するのか？

何年も前、企業は、人を雇用し、よい製品やサービスをつくって、経済に対して価値を増やしていると考えていた。その後、企業はブランドの考え方を付け加え、顧客に対する企業のアピール度を強めた。より最近では、企業は、企業の評判を、顧客からの尊敬を引き出すための新しい次元とみなすようになってきた（図表7－1を参照）。ハーバード大学のカッシュ・ランガン（Kash Rangan）教授は「品質、価格、製品イノベーションだけの競争ではもはや十分ではない」と述べている。それに加えて、広告調査財団のジョセフ・プランマー（Joseph Plummer）博士は、「ブランドは購買対象だ。企業の評判は信念と信頼だ。片方だけではなく両方が必要なのだ」と述べている。

ほとんどの貸借対照表には記載されていないものの、今日のグローバル化されたきわめて激しい競争市場において、ブランド価値と評判は、依然として企業のもっとも重要な資産であり続けている。このマーケティング3・0の世界で、成功するモダンなブランドは、顧客の心や気持ちだけではなく、他人の心や気持ちへの彼らの関心——そして地球の持続可能性への関心にも手を伸ばさなければならない。われわれは、3つの最重要課題、すなわち、人々、地球、

〔図表７－１　企業の成果と尊敬に貢献する３つのプラットフォーム〕

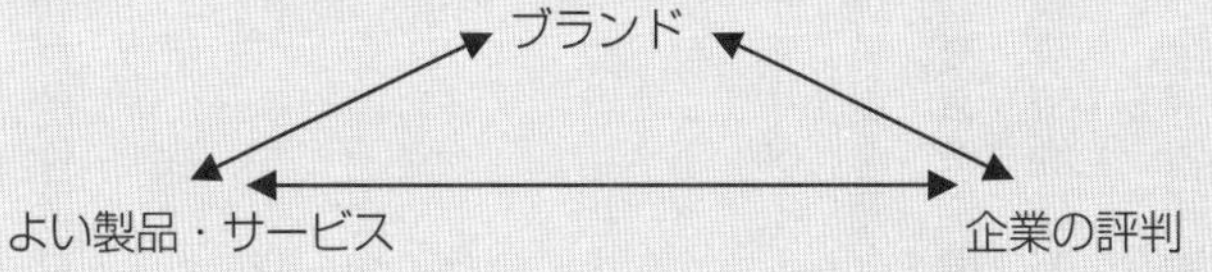

利益を達成するための企業の努力について話をしていかなければならないのだ。

そこで今ではわれわれはこう問わなければならない。「評判がよくなれば、どのような利益や成長が見込めるのか」と。それには、次の点が挙げられるだろう。

- 企業は、世界的な才能を惹きつけ、自社の人材として留めておくことができるようになる。
- 企業は、一段とレベルの上がった顧客価値の高い差別化ができるようになる。
- 企業は、自社の価値観に同意してもらえる社会的な関心を持つサプライヤーや流通業者を惹きつけることによって、利益を得ることができるようになる。
- 企業は、批判されたり中傷されたりするリスクを抑えることができるようになる。
- 企業は、地球のことを気にかける顧客層を新たに惹きつけることができるようになる。福祉と教育が向上するに従って、顧客は彼ら自身の幸福が環境の持続可能性と社会的な調和と密接に関連していることに気づくようになってきているからだ。

ＢＳＲ（Business for Social Responsibilty）は、企業の社会的責任を、事業や戦略に統合するアドバイスや情報、ツールやトレーニングを提供する大手のグローバル非営利組織である。彼らはその調査や経験から、社会的責任を果たす企業は、次に掲げるいくつかのポイントを含むベネフィットを得てきた、と結論づけている。

- 売上と市場シェアの増大
- ブランド・ポジショニングの強化
- 企業イメージや影響力の向上
- 従業員を惹きつけ、動機づけし、雇用し続ける能力の向上
- 営業コストの減少
- 投資家や財務アナリストへのアピールの向上

以下は、興味深い物語である。それは、企業が社会的貢献を実施しつつビジネスを成長させた物語である。

ペッツマート（PetSmart）は１２００の店舗をもつ北米で最も大きなペット用品・サービスの専門店である。しかし、他の多くの店舗のように犬や猫を販売する代わりに、ペッツマート社は、店のスペースを迷子のペットのための店内里親探しセンターにすると決断した。地域の動物保護団体は、ペッツマートの従業員の協力のもと、店内里親探しセンターを顧客の目につくように整備し、里親登録にかかる費用は１００％無料とした。里親探しセンターは、家族を増やすためにペットを探している顧客の来店をもたらした。その結果、里親が見つかったすべてのペットに食べ物やその他の用品が必要となり、顧客は同じ場所ですぐに、その買い物ができるのである。

引き取られたすべてのペットがペッツマートに新たな顧客をもたらした。２０１０年にはペッツマートの店内で40万３０００匹のペットの里親が見つかった。総売上高は、貸し出された物件のフロアスペースの約１３００万ドルよりもはるかに高くなった。このように、企業はよいことをすることによって、ビジネスの収益を伸ばすことができる。そして、新たな考え方を示すことができる。ペッツマートは、非営利の里親探しをサポートすることによって、単にペットやペット用品を販売する以上の大きな収益を、より低コストで稼いでいる。そして、ペッツマートは１９９４年から２０１２年の間に5万匹以上の動物の命を救ったのである。

企業の評判の主要な決定要因は何か？

よい評判を得るには時間がかかるが、それを失うのは一瞬だと多くの人が知っている。いくつかの企業が、環境の持続可能性や従業員の福利厚生に貢献していることが広く知られ、賞賛されている。たとえば、トヨタが1ガロンで50マイル走るハイブリッド車のプリウスを導入したことで名声を得るのは当然であろう。ＧＥは、風力や太陽電池パネルのようなグリーン産業を立ち上げたことで環境問題を解決し、エコをイメージさせる努力を収益事業にして賞賛を勝ち取っている。スターバックス（Starbucks）の原料調達は、コーヒー農家がかなりの収入を得られるように実践されることで、また、リーボック（Reebok）は、労働者を公正に扱うための基準を業界内で初めて採用した企業として、賞賛を得ている。

一方で、ＣＳＲに無頓着で批判を受けた企業の例は余るほどある。ウォルマート（Wal Mart）に対しては、安い賃金や手当がないことで従業員が声高に不満を表明していることが定期的にニュースになる。ナイキ（Nike）は、海外の工場で子供の労働者を採用していることが明るみに出て、ＰＲ上の大失敗を犯した。

以下は企業の全体的な評価を格付けする際の5つの質問である。

1　その企業は、卓越した品質の製品やサービスをつくっているか。仮に答えがノーだとすると、以下のどの問題も答える必要はない。

2　その企業は、長期間にわたって利益をだしているか。ノーだとすると、人々は信頼しないだろう。

3　その企業では、よいマネジメントや発想豊かなマネジメントが行われているだろうか。それとも、リーダーは舵取りを怠っているのだろうか。

4　その企業は、従業員、サプライヤー、流通業者に対して献身的だろうか。このことは、よいチームワークとステークホルダーの満足に関わっているのだ。

5　その企業は、社会的責任を意味のある方法で示しているか。この最後の質問は、企業の全体的な評判に新たな次元を付け加える。

企業は、社会的責任についての自身の立場を、その組織形態によって伝えることができる。たとえば、ほとんどは、オーナーや投資家の興味や関心に基づいて利益を上げるための会社として組織されている。以下の4つの組織形態がある。

第1は、従業員が所有する企業である。そうすることで、顧客に加えて従業員もその企業の主な受益者となる。アメリカでもっとも大きな独立系の出版社のW・W・ノートン＆カンパニー（W.W. Norton & Company）は従業員所有の企業なのである。中国で2番目に大きなモバイル通信インフラ設備の世界的なサプライヤーであるファーウェイ社（Huawei）も同様である。

第2は、保険業界で設立されているような相互会社である。そこでは、企業成果の主な受益者は顧客である。ミューチュアル・オブ・オマハ（Mutual of Omaha）やノースウェスタン・ミューチュアル（Northwestern Mutual）は保険業界では代表的な相互会社である。バンガード・グループ（Vanguard Group）や教員保険・年金協会（ＴＩＡＡ）―米国大学教職員退職変額年金基金（ＣＲＥＦ）は、アメリカの金融機関として代表的な相互会社である。

第3は、協同組合である。そこでは、メンバーを代表する委員が彼らの関心に基づいて組織を運営する。その委員はまた、協同組合からの購入の程度に応じてポイントを稼いでいる。アメリカのオーシャン・スプレー（Ocean Spray）やランド・オレイクス（Land O'Lakes）は、ヨーロッパやインドその他の地域における数千もの事業者からなる協同組合である。

第4は、ベネフィット・コーポレーション（*benefit corporation*：社会的企業に適した新たな法人格）である[1]。これは、利益のために運営するのだが、その活動は社会、環境、コミュニティへどう影響するのかを考慮する会社である。ベネフィット・コーポレーションは営利企業と非営利慈善団体の中間形態になる。これは、金儲けと社会貢献を一致させようとしている社会的起業家組織と非常に似ている。パタゴニア（Patagonia[2]）がいい例である。CEOのイヴォン・シュイナード（Yvon Chouinard）は、金儲けと世に対して良いことをなすのが目的であると表明している。この企業は利益よりも持続可能性を先に考えていて、顧客に「購入を控えよう」とすら呼びかけている。これらすべての組織形態は、所有者や投資家のための厳格な金儲けマシーンとして運営する以上の何かを暗示している。

企業がサポートできる主な社会的領域はどこか？

国際標準化機構（ＩＳＯ）は、次の領域をカバーする社会的責任のガイドラインを示してき

■訳者注

1　２０１０年、アメリカのいくつかの州で会社法が改正され、そのとき新しくつくられた法人格。

2　アメリカの登山、サーフィン、アウトドア用品のメーカー。環境に配慮した商品で知られており、環境問題に取り組むグループの助成を行っていることでも知られる。

た。その領域とは、環境、人権、労働行為、消費者問題、組織ガバナンス、公正な事業活動、そしてコミュニティとのかかわりや社会の発展である。

消費者は、企業は責任を持つべきという考え方を求めている。回答の多かったのは以下のものがある。

- 製品の健全性や安全性を保証すること
- 環境を悪化させないこと
- 従業員を公正にあつかうこと

社会的責任に対して真摯に取り組んでいる企業の例としては、韓国のサムスン（Samsung）がある。サムスンのプログラムには以下のものが含まれる。

- 教育：子供保護センター、奨学金プログラム、人材開発センター
- 環境：川と山を対象とするサムスン・グローバル環境研究センター
- スポーツのスポンサー：オリンピック
- 子供：フォー・シーズンズ・オブ・ホープ（4 Seasons of Hope）[3]、ペット・アズ・セラピー（Pets as Therapy）、そして、サムスン子供博物館
- 健康：サムスン盲導犬学校、視力回復研究

- 芸術と文化：ボリショイ・バレエ（Bolshoi Ballet）、エルミタージュ美術館（Hermitage Museum）、ホアム美術館（Ho-Am Art Museum）、イノベーション・デザイン・ラボ、サムスン・アート&デザイン研究所

『いい仕事がしたい！（*Good Works!*）』という本で著者たちは、６つの社会的イニシアチブのカテゴリーを紹介している[原注1]。あなたの会社は各カテゴリーを吟味し、社会的責任を表明したい領域を決定すべきだろう。

1　コーズ・プロモーション（Cause Promotions）[4]

これは企業が、基金、現物貢献、あるいは他の自社資源を社会問題への注意や関心の向上に役立てよう、あるいは、募金や参加あるいはボランティア募集をサポートしよう、と決断した場合に生じる。企業は自社のみでプロモーションを管理しようとするかもしれない（たとえば、

■訳者注

3　恵まれない子どもや家族を支援する慈善プログラム。

4　Cause の日本語の意味は、結果を生み出す原因である。名詞の意味には、理由、根拠、主義、主張、運動などがある。ここでは、社会的貢献をする理由や根拠があるプロモーションやマーケティングという意味になる。

ボディショップ（The Body Shop）は、ＥＵ内では化粧品開発のための動物実験は禁止するというプロモーションに成功した）。その努力の主要なパートナーになる場合もある（たとえば、アムジェン・ファイザー（Amgen-Pfizer）[5]は関節炎の財団の募金ウォークのスポンサーをしている）。あるいは、たくさんのスポンサーの１つかもしれない。たとえば、アメリカをきれいにしよう２０１１年運動（Keep America Beautiful 2011）における、グレート・アメリカ・クリーンアップ（Great American Cleanup）[6]のスポンサーにはダウ・ケミカル（The Dow Chemical Company[7]）、ロウズ（Lowe's[8]）、ペプシ・コーラ（Pepsi-Cola）、ソロ・カップ・カンパニー（Solo Cup Company）[9]、スコッツ（Scotts）[10]、グレイド（Glade）[11]、そしてネスレ（Nestlé）が参加している。

2　コーズ・リレーテッド・マーケティング（Cause-Related Marketing）

このシナリオの中では、企業は特定の慈善事業に対して、ある特定の期間、消費者が特定の製品を購入した程度に応じて、お金か現物の寄付による貢献を約束するというものである。企業は非営利組織とパートナーになるかもしれない。たとえば、クラフト・フーズ（Kraft Foods）は消費者がクーポンを利用した場合、フィーディング・アメリカ（Feeding America）という非営利組織に対して食べ物を寄付している。これは企業と消費者、それに慈善事業がウィン―ウィン―ウィンとなれる機会になる。なぜなら、消費者は、製品のディスカウントを受けられ、好みの慈善事業に貢献することもできるからである。

3　コーポレート・ソーシャル・マーケティング（Corporate Social Marketing）

このケースでは、企業は、公共の健康・安全・環境・コミュニティの幸福を向上させるための行動に変化させるキャンペーンのサポートをする。コーズ・プロモーションと異なる点は、コーズへのさらなる注意喚起を促すだけではなく、実際に行動を変化させることに焦点を当てていることである。企業は自身のために行動変化キャンペーンを実施するかもしれないし（たとえば、オールステート（Allstate）[12]は10代の若者に対して運転中の携帯メッセージの利用は

訳者注

5　アムジェンは、アメリカのバイオ医薬品メーカー。ファイザーは世界売上１位のアメリカの製薬会社。
6　全米で最大規模の地域美化運動。
7　アメリカの最大規模の化学メーカー。
8　アメリカの住宅リフォーム、生活家電チェーン。
9　アメリカの容器メーカー。
10　The Scotts Miracle-Gro Company の略。アメリカのガーデニング用品メーカー。
11　ジョンソン・エンド・ジョンソンの芳香剤のブランド名。
12　アメリカの保険会社

しない、という誓約書にサインすることを奨励している）。あるいは、公共機関（たとえば、ホーム・デポ（Home Depot）[13]と公共事業団体は節水チップのプロモーションを行っている）や、非営利組織（たとえば、パンパース（Pampers、Ｐ＆Ｇのオムツのブランド）と乳幼児突然死症候群の財団は、保護者に対して、寝かせる際には赤ちゃんを仰向けにするように教育している）などのパートナーになるかもしれない。

4　コーポレート・フィランソロピー（Corporate Philanthropy）

ここでは企業が慈善事業やコーズに対して直接貢献した場合に何が起きるのかを述べよう。多くの場合、そのやり方は、現金の補助金、寄付、あるいは現物でのサービスとなる。これはもっとも伝統的な企業の社会貢献事業であるが、現在では多くの企業がもっと戦略的なアプローチをとるようになっている。すなわち、企業は、より焦点を絞り、慈善活動がより彼らの事業活動・目標・目的に密接に関連するようにしている。たとえば、ネスレは栄養科学財団へ寄付している。ソーシャル・メディアの出現によって、どの非営利組織が寄付を受け取るべきであるかを、企業が自社顧客に問いかけるのがより簡単になった（たとえば、ＪＰモルガン－チェース・コミュニティ（JP Morgan Chase community）は、フェイスブック（Facebook）のユーザーに選ばれた１００の慈善団体に３００万ドル（２０１１年）を配分するプログラムを実施している)。

5　労働ボランティア（Workforce Volunteering）

企業は、従業員やパートナーである小売店、あるいはフランチャイズ・メンバーに対して地域コミュニティやコーズでボランティアをするよう働きかけたり、サポートしたりするかもしれない。または、彼らは個人的な努力としてそれを行うかもしれない（たとえば、ハイテク企業の従業員によるミドルスクールの若者を対象としたコンピュータスキルの個人指導である)。あるいは、非営利組織のパートナーになるかもしれない（たとえば、ＡＴ＆Ｔは災害救助努力のため、アメリカ赤十字に電話を提供している)。

6　社会的責任の事業活動（Socially Responsible Business Practices）

これは、企業がコミュニティの幸福度（well-being）を向上させたり、環境保全をすすめたりするような社会的問題に投資することである。企業はイニシアチブを考え実行するかもしれないし、たとえば、デュポン（DuPont）はエネルギー使用や温室効果ガス排出を大幅に削減

■**訳者注**

13　アメリカの日曜大工用品小売店

する決断をしたし、あるいは、パートナーとして支援する可能性もある（英国の環境・食糧・農村地域省と仕事をしているホール・フーズ・マーケット（Whole Foods Market）[14]は持続可能な遺伝子をもつ魚の仕入れを増やしている）。

企業はどのようにすればその価値や社会的責任を伝えることができるか？

もしあなたの企業が価値あるコーズをサポートすることにとても活動的であっても、ほとんどの市民はそれを知らないとしたらどうだろうか。あなたの企業は、恩恵を受けたことを感謝している人たちの自然な口コミに頼れるだろうか。あるいは、あなたは感謝の気持ちを増大させる方法を必要とするだろうか。もし後者のシナリオだったら、どんなチャネル（伝達方法や経路）が使えるのか、そして、企業が自分自身でそれを伝えようとする場合のリスクは何だろうか。

今日の情報化時代では、企業は、一般大衆にでも、特定のターゲットにでも、メッセージを届ける膨大なチャネルを手にしている。企業は、伝統的なマスメディア（新聞、雑誌、ラジオ、テレビ、屋外広告）もソーシャル・メディア（フェイスブック、ツイッター（Twitter）、ユーチューブ（YouTube）、その他）も利用可能である。

実際のケースを使って、そのとき企業はどうすべきかを考えてみよう。多くの人は知らないだろうが、ウォルマートは、所有するトラックや彼らのサプライヤーのトラック、両方について燃費効率の改善に熱心な取り組みを行っている。われわれが先に触れたことを思い出してみよう。ウォルマートは現在のトラックを燃費効率の良いタイプに置き換えている最中である。これによって、排出ガスやコストを削減することができるし、サプライヤーにとっても同様にもっと燃費の良いトラックを購入するプレッシャーになる。このことはサプライヤーの営業コストを下げ、ウォルマートのコストも下げ、大気汚染も減らすことになるだろう。

ほとんどの人は、ウォルマートの環境保護のための行動をほめるはずである。それでも、もしウォルマートが、市民のより多くに彼らの活動を知ってもらうべきだと考えるのであれば、企業のマーケティング担当者やＰＲ担当者は、次の活動を含む、実行可能なコミュニケーションのためのリストを用意すべきである。

1　新聞や雑誌の一面広告を使ってこの活動を説明する。

2　ウォルマートの30秒コマーシャルの中にこの情報を追加する。

■訳者注

14　アメリカの食品スーパー。オーガニック商品を中心に扱う。

3　この活動についての屋外広告を出す。
4　ウォルマートのウェブサイトでこの活動を説明する。
5　ウォルマートのフェイスブックのページでこの活動を説明する。
6　ツイッター経由で世界に拡散させる。
7　ユーチューブで流すための5分の映像を準備する。

ウォルマートが多くの選択肢をもっているのは明らかである。そこで、ウォルマートの経営者たちはこれらのことを社内で議論するだろう。その結果、彼らは何もしないことを決断するかもしれないし、自身の善行をプロモーションする特別なプランをつくるかもしれない。

企業は自社の売上や成長に対するCSRの影響をどのように測ることができるか？

ほとんどの企業は、自分たちが社会的善行に貢献してきたという認識に対して喜びを持つべきである。たとえ、それらの取り組みが、売上や利益へ影響するのかどうかを測定できないにしても、である。すべてが終わった後で、もしかしたらその取り組みが、公害を減らしたり、貧しい人を助けたり、教育水準を向上させたり、他の無数のよい取り組みにつながるかもしれないからだ。企業の取り組みが売上や成長を阻害してきた、ということはありそうにはない。しかし、いくつかの企業は、かりに企業があらゆる社会的責任に基づく貢献を全くしてこなかった場合と比べて、どれだけ成長したのかを推測したがるかもしれない。

その方法の1つは次のようなものである。たとえば、企業が2つの似通ったコミュニティを識別する。一方のコミュニティでは社会的責任のプログラムを実施し、もう一方では実施しない。そうすれば、2つのコミュニティでの売上を比較できる。もし差がなく、他の要素が一定であれば、ＣＳＲへの投資は売上を向上させないと判断できるだろう。この経験的なやり方が無理なら、企業は、ＣＳＲを受けたほうのコミュニティの人々に、彼らがＣＳＲに気づいていたり興味を持っていたりするのか、あるいは、ＣＳＲの結果として彼らがその企業の製品をより多く購入するという結果がもたらされたのか、を判断するためのインタビューを実施すればよい。しかしたとえ、この投資のリターンがゼロあるいは測定不能であったとしても、企業は社会的貢献を行う価値がある。

われわれは、多くのビジネス・リーダーが、機会主義的にあるいは社会からのプレッシャーへの対応としてではなく、モラルとしてＣＳＲに取り組むという時代を目撃している。ビル・ゲイツ財団（Bill Gates Foundation）やウォーレン・バフェットの誓約（Warren Buffett's pledges）といった純粋な取り組みを考えてみよう。裕福な企業のリーダーたちは社会をよくすることに強くかかわるようになってきているし、彼らは10億もの寄付をするような組織をつくっている。多くの道徳観のあるリーダーたちは、過去とは違うやり方で富の分配をすべきだと感じているようだ。彼らは、企業や個人的な富の多くの部分は社会に還元すべきで、利害関係者や家族の富はそれよりも少なくてもよいと感じている。事実、ウォーレン・バフェットのように、自身への課税を引き上げることをも求めており、それは注目に値する。実際、バフェットはいまだに自身のファンドを活発に運営しているし、それゆえ、投資家の注目対象となっている。事実上引退しているビル・ゲイツと異なり、バフェットは、社会的なリーダーシップに道徳的に取り組む活動的な企業リーダーとしての自分自身の考え方を推進している。

結論

国際標準化機構（ＩＳＯ）は、次の領域をカバーする社会的責任についてのガイドラインを示してきた。その領域とは、環境、人権、労働行為、消費者問題、組織ガバナンス、公正な事業活動そしてコミュニティとのかかわりや社会の発展である。あなたの会社はこれらの社会的責任の領域とかかわりを持ってきただろうか。

われわれは、企業が利害関係者、コミュニティや社会全般、そして社会の未来を考慮しているという評判をつくることは、これまでとは別の成長につながる道だと信じている。企業は、今日的問題や子供・孫の未来を気にしている顧客を魅了しとどめておくことができる。社会的責任を重視する企業の従業員は、自分たちが金儲けのマシーン以上の何か大きなものの一部であると感じることになりそうだ。多くの投資家、サプライヤー、流通業者は、企業の社会的責任に基づく活動に対して積極的に反応するだろう。

もっとも安全なクルマをつくった企業だけがそのことを本当に主張することができる、という時代をわれわれは思い出すことができるだろう。ボルボ（Volvo）は、人間の基本的な関心に配慮しているので、20年以上もの成功を続けてきた。ところが、他の自動車会社もクルマの安全性を高めたことによって、ボルボは独自性を失ってしまった。そうはいっても、企業にとっては、どんなことでも人類の問題を解決しようとすることは、いまだに損にはならない。結局、1つのブランドだけでなく、すべての自動車ブランドにとって安全性を考慮するほうがいいのではないか。急成長する技術的で機械のような世界においては、――人は貧困や気候変動、公害そして水不足を心配し続け――人々が満たされた生活を送る機会を持てるような、より人間的な風景を発見し、設計し、育成することに対する関心が高まる。企業は、人々の気持ちや心を夢中にしている社会的関心に近づき、そして共有化する必要があるのだ。

どんな企業も、こういった関心を共有できることを表明する独自の方法を見つけなければならない。ティンバーランドやパタゴニア、ボディショップ、スターバックスのような企業は、それぞれ異なる方法で彼らの関心を表明している。ケアするということは、いくら寄付するのかという問題ではない。社会的配慮をビジネスモデルや寄付やビジネスの実践において、どのように実現していくのか、という問題なのである。

質問

1　社会的責任を果たすため、あなたの会社はどのような努力をしてきたか。その努力は多面的か、中心的なテーマに絞られているか。競合他社と比べてその取り組みは多いか少ないか。

2　あなたの会社が考慮しようとする課題を、的を絞って3つかそれ以上リストアップしてみよう。実現可能性のある課題を取り扱うことにつき、それぞれの賛否を議論してみよう。あなたの会社にとっては、どれがもっともサポートする意味のある課題だろうか。

3　あなたはビジネス組織、製品、サービス、事業活動における社会的関心についてどのように表明するか。

4　あなたの社会的責任に関する努力は、新たな顧客獲得や現在の顧客の関心を高めるのに有効だったか。それらの努力は従業員の関心を高めたか。あなたの社会的責任に関する努力はサプライヤーや流通業者にどのような影響を与えたか。

5　国民は、社会的責任についてのあなたのコミットメントの程度を知っているか。もし知らなければ、より知ってもらいたいと思うか、そして知ってもらうためにどうするか。

第8章

政府およびＮＧＯとの提携による成長

捜索に時間をかけることは
無駄にはならない

孫子

国内総生産（ＧＤＰ）は、家計、企業、政府支出の３つからなる。ＧＤＰに占める政府支出の割合は、「小さな政府」のグアテマラ（13・7％）やカンボジア（13・9％）のような国と、「大きな政府」の国とでは、大きく異なる。フィンランドやスウェーデン、ベルギーといったヨーロッパの国々は、その割合は50～53％で、中国、ロシア、インド、アメリカ合衆国は、いずれも40％を下回っている。ジンバブエとキューバでは、ＧＤＰに占める政府支出の割合が極端に高くそれぞれ97・8％と78％である。

政府支出に関する問題や機会は、政府支出の内訳を分析することで、より理解がすすむだろう。２０１０年のアメリカ政府の総支出は、ＧＤＰのおよそ40％であった。このうち、連邦政府が20％、州政府が10％、そして地方自治体が10％であった。資金は、防衛、教育、ヘルスケア、福祉、輸送、年金、公務員給与、債務の利子にあてられる。各分野に対して、政府のあらゆるレベルから、多様な資金が支出される。たとえば、防衛は基本的に連邦政府からの支出であるが、教育は地方政府の支出である。州と地方自治体の支出には、連邦政府から資金が供給される。

企業にとって重要な点は、多くの支出項目（特に、防衛、ヘルスケア、教育、輸送）が、資本財、民間設備投資、消費財やサービスを生み出していることである。したがって、政府支出のこれらの項目から、もっとも利益を得られるのは、実は企業なのである。連邦、州、地方自治体レベルの政府機関が、毎日のように提案依頼書を発行し、民間部門に入札をさせている。これらには多くの活動があるが、たとえば、高校や高速道路、病院や刑務所の建設、国内外の飢餓救援のための農産品購入、科学研究と研究開発の支援、人工衛星打ち上げや、防衛機器・装置、物資の製造などがある。

企業はまた、政府の活動や提案依頼書をチェックし、うまく入札できるよう学ぶことで、成長への途を手にすることができる。多くの場合、政府資金には非営利機関（ＮＧＯ）の活動支援も含まれる。政府と企業間、あるいは政府、企業、ＮＧＯ間のいずれかの形で、パートナーシップが形成される。

行政機関やＮＧＯとの提携による事業機会を考える前に注意しなければならないのは、自国政府の規模と範囲について、国民の見解は異なるということである。企業は、ビジネスに対する政府の全面的な影響力について、次の３つの見解を持つようである。

第１の見解は、自由主義者や保守右派によるもので、安全、国家防衛、公衆衛生、司法行政などの基本的な政府のサービスは必要だが、政府は基本的に、ビジネスを上手く運営していくための重荷や障害となっている、というものだ。このような見解を持つ人々は、「小さな政府」、減税、事業規制の緩和に対して賛成票を投じる。保守右派に対しては、過激な保守派が「政府は悪」、「税金は悪」と長年言い続けてきたことに対しての批判がある[原注1]が、多くのアメリカ人の、こうした政府に対する見方が、今日のアメリカ政治を極端な二極分離へと至らせしめてきた。マイケル・リンド（Michael Lind）は、彼の著書『Land of Promise』の中で次のように述べる。

「合衆国の創始者たちは暴政には反対をした。ただし彼らが主張したのは、政府をなくすことではなく、自治だった。ティーパーティー運動は政府のことを、本質的に圧政的で、必然的に無駄であり、国家の成長と繁栄を損なうものだと見なしている。共和党は、社会に共通の目標を掲げるのは合法ではないとみており、公立学校から社会保障に至るまで、あらゆる公益事業を悪者扱いしている[原注2]。」

第2の見解は、穏健な保守派によるもので、規制を小さくして、貧困層のための社会的セーフティネットを提供したり、補助金や税制上の優遇をしたり、産業界の利権のためのロビー活動で法案を通過させて、政府を利用しようとするものだ。これは、より「大きな政府」の活動のための、適度なレベルでの課税を支持する立場をとることになる。この見方では、たとえば自社の製品やサービスの新市場を切り拓くための貿易協定は当然として、地方自治体・州・連邦政府に対して、事業コストを削減したり、事業活動範囲を拡大できるようにする規制撤廃や規制緩和に向けてのロビー活動をすることになる。穏健な保守派は、自身の会社や業界団体を通じて、あるいは個人として、こうした働きかけを行う。

企業が政府と交渉して得る「事業の自由」のマイナス面は、たとえ抑制するためにあらゆる努力をしたとしても汚職が蔓延してしまうことである。典型的なシナリオの1つは、こうである――ある地域のディベロッパーが地元の政治家に寄付をして、公共部門の建設契約を獲得する。そして、地元の政治家のはたらきで、地元の銀行から非常に有利な条件で融資を受けるといった具合である。このように汚職は、明らかに、特定の企業とそれらが支持する地元の政治家との関係から生まれる。

第3の見解は、景気後退局面では、政府は新しい産業に助成金を支給したり、経済活動を刺激するなど、積極的な役割を担うべきだ、というものである。これは、学校、道路、鉄道、空港、ダム、その他の必要とされるインフラ構築の資金調達のために国債を発行する、という政府の典型的な役割を超えて、企業と経済の発展のために、政府が直接貢献すべきである、というものだ。一般的にインフラは、さまざまな投資分担と収益配分を通じて、政府と提携している民間企業によって建設される。これまで、それぞれの業界に応じて、各国がさまざまなモデルを用いてきた。例として、鉄道開発の場合をみてみよう。

- ドイツ政府は、ドイツの都市間を結ぶ、非常に効率的かつ高速の一流の鉄道システムの構築で主導権を握った。
- スペイン政府は、スペイン全域での鉄道利用を可能にするための主導権を握ったが、その鉄道システムはドイツのようなレベルでの効率性には至らず、運行にかかる多額の費用に苦しんだ。結局、南北・東西それぞれを結ぶ路線は構築できずに、あまり使用されない路線を多くつくることで終わってしまった。今日、不採算路線を廃止するか、もしくはコストをカバーできるくらいまで乗車料金を値上げするか、のいずれかの選択を迫られている。
- 米国の鉄道システムの大部分は、公的な補助金によって資本市場から有利に資金を調達した民間企業によって開発された。ヴァンダービルト（The Vanderbilt）家やその他の鉄道王は、いろいろな規格があってその接続に苦しんでいた多くの路線を買収したり、新たに建設したりして発展したが、一般的にアメリカの列車は低速で運転されてきた。最終的には旅客鉄道は政府に委譲され、今日では、アムトラック（Amtrak）として全国規模で運行されている。加えて、多くの公営の通勤路線もある。ただ、貨物鉄道は大部分が民間によって運営されている。

• 中国政府は今日、世界最長の公共高速鉄道システムを保有している。2015年までに、それは1万5000キロまで延長され、国内の主要都市と遠隔地を結ぶ予定である。中国はまた、アフリカ諸国にも、国有の鉄道システムを構築するための巨額融資を行っている。鉄道網構築に資金を費やすことで、その国はより多くの労働者を雇うことになり、さらに、そうした労働者が消費をすることで、さらなる経済成長を生み出す。

ほとんどの企業は、政府に対するこれらの3つの見解のすべてを持ちあわせている。つまり、ある時には政府に対して怒り、ある時には政治的なつながりを利用し、そしてまたある時には何かを実現するために政府と連携する。とはいえ、政府が国の成長とインフラ開発に参画すれば経済成長が加速されるかどうかは、一概には言えない。カリフォルニア州は、税金が現在よりも高くて、政府が教育の向上と道路や高速道路の建築に十分な資金を費やしていた時期ですら、世界でも第9位の経済規模へと成長していた。税金は高かったが、所得の伸び率がそれ以上に高かったからである。その後、カリフォルニア州の有権者は、固定資産税に上限を課すという法案を通過させた。こうした動きは、近年の経済の低迷と相まって、州および地方自治体の税収を減少させることになった。現在カリフォルニア州は、巨額の運営費用と年金費用の負担に直面しており、教育、社会事業および公共医療サービスの予算をカットし、インフラ維持費を削減することを余儀なくされている。サン・バーナーディーノ（San Bernardino[1]）のような大規模な自治体でも、破産を宣言したところがある。カリフォルニアにおける生活の質の悪化は、一部には、税金への上限設定に起因している。税金は州政府がぜひとも維持して、それによって、生活の質を向上させる必要があったものだった。

以下は、本章において検討したい課題である。

1　政府は、企業や経済に対して好ましい、どのような役割を果たすことができるのか？

2　企業は、政府およびNGOと、どのようにすればよりよい協働ができるのか？

3　政府が、経済成長にとって促進要因ではなく妨害要因となるのはどのような時なのか？

4　国家間ではどのようにしたら相互利益のための、よりよい協働を行うことができるのか？

■訳者注

1　アメリカ・カリフォルニア州南部に位置する都市。郊外の住宅都市として人口が増えている。

政府は、企業や経済に対して好ましい、どのような役割を果たすことができるのか？

一般的に、政府の大きさと役割について、とりわけ経済における政府の役割については、長い議論の歴史がある。この議論は、一方の立場がしばらくの間優勢になると、今度は反対の立場が支持を得るというように、永遠に続くように思われる。それでもわれわれは、今日のような競争が激しく、かつ相互に依存し合った世界経済の中では、公共部門と民間部門はもっと協力して運営されるべきだと主張する。研究開発への公共投資や、ベンチャー企業の創業と成長のための税制上の優遇措置など、政府には、民間部門を強化するための、積極的な役割がまだ多くある。それに対して、一部あるいはすべてを民営化することで、もっと効率的に運営できるはずの公共部門もある。

次に、政府が民間部門のパフォーマンスを向上させることができる、6つの役割を明らかにしよう。インフラ、防衛、教育、安全と健康、危機管理、経済政策分野での、政府の役割である。

インフラの役割　事業を始めるのは誰にでもできることだが、政府や民間部門がインフラに投資をしなければ、それらはおそらく成功することはないだろう。つまり、単にレストランをつくるだけでは十分ではなく、そのレストランには、電気や水道、ゴミ処理、車道や歩道、その他の促進要因が必要だということだ。民間の公益企業がそれらの一部を供給することはできるが、その他は政府が供給しなければならない。民間では建築資金不足になったり、儲けを出すような政治的に許される利用料の設定ができないため、市民は、政府に歩道や車道、橋梁、下水道、空港、港湾の建築をもとめる。

インフラの建設および管理に対する海外からの投資は、国家安全保障上の理由から、政治的には慎重に扱うべきことかもしれない。たとえば２００６年に、アメリカの６つの主要港湾で管理業務を行っていたイギリス企業のＰ＆Ｏ[2]が、アラブ首長国連邦（ＵＡＥ）に本拠を置く会社のドバイ・ポート・ワールド（DP World）に買収された際、ホワイトハウスの承認があったにもかかわらず、議会の強い反対を引き起こし、最終的にはドバイ・ポート・ワールドは撤退を余儀なくされた。

州政府および地方自治体は、道路の建設・運営・委譲（ＢＯＴ方式）において、民間投資家と連携することが多い。政府は、所有権が政府に戻されるまでの数年間、民間企業に規定の通

■訳者注

2　Peninsular and Oriental Steam Navigation Company の略。イギリスの船舶会社。

行料金で道路を運営する権利を与えている。さらに今日では、地方自治体が、現在の政府債務と運用コストをカバーする資金調達のために、公共財を再び民間部門へ売り戻す場合がある。たとえば、シカゴ市は、売り渡したときに手に入る将来的な収入を、現在価値に換算した一時金を得るために、市が所有するパーキングメーターを民間企業へ売却することを決定した。

政府のインフラ負担に関しては、それほど多くの論争があるわけではない。企業の不満は通常、道路が整備・保全されていなかったり、道路が少なくて激しい交通渋滞があったりする場合、または廃棄物の除去が遅れて健康被害を引き起こすような時に生じる。

米国で、インフラを追加・改善する上で最も大きな課題となっているのは、州および地方自治体の機関に対して、有権者が、学校、橋、道路、都市交通などのインフラ整備のための債券発行を承認する必要があることである。しかし、有権者はしばしば、政府のこのような資金調達の増加は固定資産税の増税を招くので、反対票を投じる。有権者の多くには就学中の子供がいないため、学校債の発行にも一貫して反対する。ほとんどの有権者が同じ橋を使用するわけではないので、橋梁債にも同じことが言える。一般的に、債券発行のためにはリーダーシップと説得が必要とされるのは、こうした理由からだ。

防衛の役割　同じように、国内の暴力行為や戦争を行う可能性のある外国勢力に対する、国民保護という政府の役割についても、さほど議論は巻き起こらない。あらゆる国家は、市民の生活や財産を守るために、警察や消防を設置し、陸軍、海軍、空軍を保有している。われわれは軍が休んでいる時期をたいてい望んでいるが、そのためのコストは市民が喜んで負担するように願っている。ところが、より多くの国防費支出を求めて、議会へのロビー活動を行う軍事物資メーカーが、常に存在する。ロビイストたちは、防衛規模がまだまだ小さいので、最新の武器や軍事施設、それに装備を支えるには、まだまだ資金が不十分だと主張する。もしロビー活動が成功すれば、議会はこれに同意し、より多くの国家予算が、防衛産業を支えるために回される。政府のコストは上昇し、増税と、より深刻な財政赤字がもたらされるが、皮肉なことに、これに対しては、防衛費増大を推進する当事者たちからも抵抗を受ける。

ロビイストたちはまた、テロリストやイスラムの聖戦主義者を根絶のために行動を起こさなければ国に降りかかるであろう災難に関して、国家安全保障上の脅威を宣伝する。これらのロビイストは、単に海岸線を防衛するだけでなく、国家利益を守るために、国外でも力を誇示させたがる。この視点は愛国者たちにとって魅力的であり、必要以上の軍事的プレゼンスを拡張することに行き着く。けれども、このやり方は、特定のビジネスにとっては都合がよいものになる。

それでも、いくつかの良識ある意見は、すでに十分な戦闘機、戦艦、戦車を予備に配備してきたので、新型戦闘機や追加の空母はもう必要ないと主張するだろう。それどころか、軍の指導者たちでさえも、それらが必要ではないという場合がある。それなのに、50の州の政治家たちは、自分の選挙区で、防衛関連の雇用を維持して関連企業や有権者を喜ばせようとする結果、軍事物資は製造され続けることになる。残念なことに、人々は、軍事物資を大量に供給すること自体が積極的な軍事行動の言い訳になる、という事実を無視している。戦争は軍事物資を破壊し、その結果、またその置き換えや補充需要をもたらすため、このアプローチは軍事産業での雇用が継続されることを保証する。

教育の役割　国家がその人的資源の質を良くしようとするなら、政府は少なくとも、小中学校、高校、コミュニティ・カレッジ、州立大学ぐらいの教育を提供する必要がある、という考えを国民は広く受け入れている。仮にそれらを民間企業で行うと、授業料は高くなりすぎてしまい、多くの市民が授業料を支払えず、結果的には教育を受ける人が少なくなってしまうだろう。そのため、民間ではこれらを供給することはできない。そういう理由で、公的教育を用意するのは政府の役割となり、初等教育は「無料」で、高等教育についても、私立の高等教育機関と比べると適度な授業料で受けることができる。

しかし、優れた教育や宗教教育のために、高い授業料の私立学校に子供を通わせることを選択する親もいる。そうして公的教育の質が悪くなればなるほど、より多くの親が私立学校に子供を通わせるようになる。たとえば、ワシントンD.C.の公立学校システムは劣悪なので、ワシントンD.C.に住む連邦政府の上級管理職は、子供を公立学校にほとんど入学させないという事態が起こっている。著名な経済学者であるミルトン・フリードマンは１９５０年代に、選択したどの学校にでも入学できる、公的な無料バウチャーを配るべきだと主張した。それによって学校間の競争が促進され、公的教育の質が向上する、というのである[原注3]。公的な教育システムの中に競争原理を組み込むという重要な進歩が、チャータースクール[3]運動の中で生まれた。

高等教育の提供については、誰がその費用を負担すべきかについてまだ問題が残っている。理論的には、国家ができるだけ多くの国民に４年制大学の学位を取得できるよう奨励することが、国益に適うだろう。フランスやドイツといった国では、大学教育は無料か、少なくとも低料金である。しかし、周知のとおり、アメリカでは、ミシガン州立大学、ウィスコンシン州立大学、イリノイ州立大学など、公立の州立大学であっても、４年間の大学教育費用は非常に高

■訳者注

3　１９９０年代に始まった新しいタイプの公立学校。チャーター（charter）と呼ばれる課題を達成するために、特別認可された学校。

額である。授業料を払う余裕がない人たちは、手頃な授業料のコミュニティ・カレッジに行くか、そもそもはじめから大学に行かないという選択になってしまう。今日では多くの人々が、大学の学費の上昇は何とか止めるべきだという意見に賛同するだろう。そうでなければ、国はその人的資源において、競争に敗れることになるからである。

ドイツでは、学生が専門の高等教育の代わりに、職業教育を選択できる二重の教育システムを提供している。職業教育の選択肢には、会社の見習いとなることが組み込まれている。職業教育を受けた学生は、数年の会社経験をした上で卒業するため、卒業時には既に即戦力として位置づけられる。

質の高いトレーニングを受けた、スキルの高い国民を生む優れた教育システムを、政府が開発・支援することで、企業が利益を得ることは明らかである。企業はまた、学校の建設やメンテナンス、教材の開発・販売、教室での必需品の供給、学校運営で必要とされる暖房・照明・空調・水道のシステムの提供を含む教育プロジェクトの領域に参加することからも、利益を得ることができる。

安全と健康の役割　ほとんどの人は、地方自治体、州、連邦政府のレベルで、政府が国民の安全と健康をモニターして欲しいと思っている。アメリカでは、米国農務省、保健社会福祉省、連邦医薬品局（ＦＤＡ）、疾病管理予防センター、食品と医薬品の安全性を検査するための責任を負う政府機関を設置してきた。これらの多くは、健康やその他の利益を奪った、かつての食肉業界で起こった不祥事や粗悪で危険な製品スキャンダルの結果、設立された。

政府が、絶対安心だというレベルの保護を提供しようとすれば、監視や評価の対象が多くなりすぎて、おそらく国民から反発を招いてしまうだろう。したがって、これらの政府機関は、予算も逼迫しており、多くの場合、最も重要な健康と安全の問題のみに集中しなければならない。納税者は、政府が健康と安全を守ってくれることを期待するが、ものには限度がある。

企業は当然、安全と健康を保証する政府の規制を支持するべきである。偽物や有害な薬物・成分を含む食品や、子供に害のある玩具をつくる会社があれば、まともな競合企業や産業全体が損害を受けることになるからだ。

危機管理の役割　どんな国にも、ハリケーンや洪水、地震といった、人々を死に追いやったり、生き残った者も家や財産が失われたりしてしまうような、ひどい自然災害が起こりうる。たとえば、米国のハリケーン・カトリーナでも、中国の四川大地震でも、２０１１年の日本の東日本大震災での津波でも、ほとんどの国民は、自然災害時には国家が緊急支援してくれることを期待する。企業は、再建物資の提供、食料や水の供給、緊急医療や医薬品の供給などで、緊急時に役立つことができる。個人やＮＧＯは、ボランティアや寄付、衣服の提供、緊急サービスを提供することで貢献する。あるいは、企業は修理で利益を得ることもある。The SPDR S&P Oil & Gas Equipment & Services ETF[4]は、修理、建設、石油・ガス産業のサービスに関連した27の企業群からなる。この組織の資金は、２０１０年に20％増加したが、これらの大部分は、ハリケーン・カトリーナ後の修繕売上によるものであった。

経済政策分野での役割　政府が果たす役割のうち、最も物議を醸しているのは、経済を特定の方向へと誘導しようとすることについてである。自由市場主義者は、政府が特定分野に肩入れしたり、産業や企業が成長すべき分野について政府が影響力を行使しないことを望んでいる。経済成長に影響を与えるのは、政府の命令や資金ではなくて市場の力だと信じているが、同時に、彼らの多くはまた、自分たちの業界や企業が政府から支援を得るために、ロビー活動も行う。

「誘導された経済発展」を好む集団もある。それらは、経済成長をもたらし、十分な雇用を生むにはどの産業が必要とされているのかを政府に把握していてもらいたいと考えている。彼らはまた、将来的により成長しそうな産業を特定し、これらの成長候補に対して政府に支援をさせたいと考えている。政府は、将来的に大きな成長期待があって、環境に対しても保護的な新興産業に対しては喜んで助成するかもしれない。たとえば、他国と同様に、アメリカでは、太陽光発電や風力発電などの再生可能エネルギー産業に対して助成を行っている。

このアプローチに特有のもう1つの課題は、世界貿易市場で競争上不利な立場にある成熟産業に対して、政府が何をすべきか、ということだ。それらはゆっくりとした衰退のままに任されるかもしれないし、関税による保護や公的な研究開発投資を受けられるかもしれない。この例として、米国政府が、世界貿易協定で許容される範囲の関税を課すことで、海外の低価格の競合から基幹産業であるタイヤ産業と鉄鋼産業を保護したことがある。こういった行動のいくつかは、ＷＴＯによっても認められている。

中国、日本、韓国、フランスなどは、国家の経済発展をとてもうまく導いてきた国である。日本が自動車、オートバイ、エレクトロニクスを発展させることで、どのように第二次世界大戦から急速に復興したのか、そして韓国が経済成長のための育成対象として、同じような産業をどのように選んだか、を考えてみよう。誤った産業を選んでしまうリスクは常にある。しかし、もし政府がいくつかの新たな産業に賭けるために企業と連携した場合には、うまくいけば、

■訳者注

4　Standard & Poor's Depositary Receipts の略。アメリカの投資格付け会社。同社は、石油やガスの商品取引市場に投資する組合を組織化している。

そのうちの1つ以上の産業が、その間違った選択肢をカバーするのに十分な程の成功を収めることが期待できる。

たとえ、「自由市場」の環境にあっても、ほとんどのビジネスは、政府の経済政策に影響を与えるように働きかける事業者団体や職能団体を組織している。アメリカにおける太陽光発電のような産業では、事業継続のための税制上の優遇措置や関税による保護などが主張される。企業や多様な政府機関が、毎年何千もの不当廉売防止の申し立てを行っている。企業が、自らの状況を改善するために、政府の影響力や行動を利用していないと想像するほうが難しいだろう。

市場のグローバル化はますます進んでおり、商業的サポートサービス、研究開発の資金提供、税制上の優遇措置、戦略的貿易協定、公正な貿易慣行の擁護を通じて、国内企業がグローバルな競争力を高めるうえで、政府はますます重要な役割を果たすようになっていくだろう。

企業は、政府およびＮＧＯとどのようにすればより良い協働ができるのか？

世界中のあらゆる政府は、国益にかなう特定の産業に肩入れする傾向がある。ここまですでに、戦闘機、戦艦および軍需品などの防衛産業の形成を助けている政府の役割について述べてきた。政府はまた、農産物やその生産性を向上させるための取組みを通じて、農業にも関わる。米国の農業改良普及サービスの部署は、農家が土地をより生産的に使用し、何を育てるべきかを学ぶのにも、大きな役割を果たしてきた。政府は、土地に栄養素を取り戻すためや、過剰栽培を防ぐために農地を休閑地として保つための資金援助を行ったりもする。政府が関与する他の領域には、多くの雇用を生み出すハイテク産業（ロボット、人工知能、バイオテクノロジー、エネルギー科学、情報技術）の支援がある。アメリカは、公的資金による科学的研究機関においても、世界をリードしている。

過去、政府がたとえば、道路、港湾、鉄道といった公共事業を必要とする場合、2つの選択肢があった。TVA[5]やアメリカ陸軍工兵隊の事例のように、自らプロジェクトを完成させるか、入札手続きを経て、一番魅力的な落札者にプロジェクトを遂行してもらうか、である。後者のケースでは、多くは政府が資金提供して、落札した会社が労働力や材料を供給する。完成すれば、政府あるいはその企業が、メンテナンスや運営を共同で行うことになる。

今日、パブリック・プライベート・パートナーシップ（*PPP*：官民パートナーシップ）と呼ばれる第3の方法について耳にすることが多くなった。これは、政府が民間部門の1つまた

■訳者注

5　アメリカの電力事業者。テネシー川流域開発公社（Tennessee Valley Authority）。

は複数の企業と提携することを指す。政府や民間部門はこうした提携の提案を行い、資本、労働力、材料をどこが供給し、プロジェクトの収益をどのように分配するのかについての条件を作成する。このアプローチの背後にある考え方は、民間部門には効率性、創造性、資金を提供し、政府には、資金、資産、土地、税制上の優遇措置、年間収入の保証を供給するというものである。民間企業は通常、契約期間中は、プロジェクトを開発・構築・維持運営する協会をつくるが、なかには、政府がプロジェクトの収益に関する利害をもつ場合もある。通常は、政府と事業会社間で、プロジェクトがうまく行かない場合のリスクをどのように負担するのかについての合意もなされる。

ＰＰＰが特に望ましいのは、政府が、民間部門の助けを借りなくてはプロジェクトを行う資金を欠いている低成長時である。政府は、インフラに関わるプロジェクトを提案し、どのようにこれらのプロジェクトに資金援助をして、開発・運営するかを示すことができるため、民間企業にもメリットがある。つまり、企業間取引を行う企業（Ｂ２Ｂ企業）は、官民パートナーシップを通じて、必要な公共事業を提供できるということを、地方自治体・州・連邦政府に対して納得させることで、成長への新しい活路を見出すことができるのである。

主なＰＰＰプロジェクトは、インフラ（高速道路、港湾、空港、都市高速鉄道、橋梁など）の構築あるいは改善に関連したものや、プロジェクトの周辺で税収を生み出す不動産開発

（ショッピングセンターや公共住宅の開発）に関わるものでなければならない。ＰＰＰはこれまでも、英仏海峡鉄道トンネルへの融資、ポルトガルのベイラス海岸（Beiras Litoral）沿いのアルタ有料道路（Alta Shadow Toll[6] Road）、ハンガリーのＭ５有料高速道路、フランスとスペインを結ぶペルピニャン－フィゲラス（Perpignan-Figueiras）線の鉄道敷設権、そしてブルガリアのトラキア（Trakia）高速道路プロジェクト[原注4]といった、いくつかの大きなプロジェクトで行われてきた。これらのプロジェクトのすべてが成功しているわけではなく、行きすぎた官民パートナーシップについては批判も集まっている。最大の懸念は、政治家と政治的に優遇された企業が共謀すると、期待を裏切るプロジェクトとなって終わってしまうことである。

１つはっきりしているのは、さまざまな国がグローバル化した競争の中にいて、そして、低成長経済という条件の下では、政府は国内企業の競争力の向上のために、積極的な役割を果たすことができることである。

ＮＧＯの領域で、成長の機会を模索している企業についても、ひと言付け加えておく必要がある。ＮＧＯには、非営利の病院、私立学校や私立大学、民間の社会事業組織、慈善団体、博物館、芸能団体、環境団体、宗教団体、その他、非営利で課税控除される活動を行う多くの種

■訳者注

6　ＰＰＰで敷設された道路に課せられる有料料金。１９９３年イギリスで初めて提案された。

類の組織が含まれている。これらの組織は、供給業者、設備資産や機器、販売代理店やメディアを必要としており、開発プログラムから得た資金をこれらのサービスに対して支払う。彼らは政治運動（キャンペーン）をして、企業や政府からの支援を募る。その予算の一部は、政府の助成金を申請して獲得する。

多くのＮＧＯは、小売店、ライセンス商品、レストランなどの商業活動から実質的な収益を得ている。たとえば、メトロポリタン美術館は、商業活動から９５００万ドルもの収入を得ており、２０１１年にはおよそ６００万ドルの純利益をあげた。ただし、博物館は商業収入を得る子会社の運営には慎重でなければならない。というのは、全体収入の15～30％を超える商業収入によって、博物館の免税資格が剥奪される可能性があるからだ。

成長を求める企業は、ＮＧＯのニーズに注意を払う必要がある。病院、大学、博物館、劇場、宗教団体は、建物の拡張や新築を計画している可能性があり、既にそのための資金も用意しているかもしれない。制度を利用した建築や建設は、ビッグ・ビジネスになる。建築家や建設会社は、これらのプロジェクトをよく調べ、入札プロセスに参加するべきだ。１つ２つの領域で特に良い評判を得た企業は、当該分野で落札できるチャンスがより大きくなる。たとえば、ゲーリー・パートナーズ（Gehry Partners）の建築家のフランク・ゲーリーに関して言うと、彼の会社であるＬＬＰ[7]は、斬新な博物館の建築で比類ない評判を得ている。博物館に、彼が提示する高い建築費用を支払う金銭的余裕さえあれば、彼はいつでも博物館の案件を落札できる。他には、世界のトップクラスの病院建築の事務所であるPerkins+Will[8]の例がある。

政府が、経済成長にとって促進要因ではなく妨げとなるのは、どのような時か？

先に述べた6つの機能のほとんどは、政府が提供すべきであるということに、多くの人々が同意する。しかし、政府は、経済活動を促進させるよりもむしろ減退させている、と批判する企業や団体もまた同じように存在する。その批判は、次の3つに分けられる。

規制　国民の健康と安全を守るための取り組みでは、政府はふつう「汝、汚染を行って、市民に対して悪い肉や魚を売ることなかれ」と、聖書の一節になぞらえて、企業が法令を遵守することを求めている。企業は、ガイドラインをマスターして用紙や報告書に記入し、こういっ

訳者注

7　Limited Liability Partnership の略。ある事業を実行することを目的にパートナーが集まって契約することで成立する会社。日本では2005年にLLP法が成立した。

8　シカゴにある世界的に有名な建築設計事務所。1935年設立。世界24か国に1500人のスタッフを擁する。

た規制に遅れを取らないために、そのための資金を費やす必要がある。最も大きな負担の1つは、2002年のサーベンス・オクスリー法（SOX法）によるもので、膨大な事務処理を必要とし、非倫理的な行動が会社のどこかで発生した場合には、それを経営レベルの責任としたものである。SOX法や同様の規制措置は、確かに会計や法律分野の企業が急速に成長することには貢献したが、それらはそれ以外の多くの企業の成長と収益の鈍化を代償にしたものである。

その対策として、1つには、特定の規制の費用対効果を、法案通過前に測定することである。その規制がどれくらい必要なものなのか？　それによって悪用にどれほど歯止めがかかるだろうか？　規制の理解と遵守のために、どれくらいの時間が費やされるだろうか？　どれくらいが遵守するだろうか？　それは経済成長を抑制するのか、あるいは促進するのか？　これらは理想をいうなら、規制によるコストを上回る恩恵があるべきだ。

過剰な規制は成長を妨げるので良くないが、食品の品質、水や空気の質、それに処方薬の品質を保証するには、ある種の規制が必要なことは明らかである。誰かが言っていたように、われわれは汚染された空気を吸って、毒水を飲み、有毒な食品を食べて、危険な道路を危険なタイヤの危険な車で運転したり、有害な建物に住んだりするようなことはしたくないのである。

高い税金　第2の不満は、政府の規制と規制当局の人員を、国民の増税で賄わなければならないということである。「無償の規制」というようなものはないので、規制が効率的かつ効果的に実行されるかどうかが問題となる。少なくともそうされることで、納税者の負担は抑えられるだろう。

不確実性のコスト　法制定のプロセスそのものが、政策立案に関与する政党間の小競り合いを生む。多くの問題は、そのせいで数カ月あるいは数年もの長い期間がかかることになり、それが多くの不確実性を引き起こして、企業が投資したり前進したりすることを妨げるようになることである。ユーロ、ギリシャ、スペインの将来がすべて今日のリスクとなっていることで、借り手の金利の上昇を招き、それが投資を遅れさせている。借入れコストが高いせいで、アメリカの多くの管轄区域では、州および自治体政府の債券発行による資金調達が滞っている。アメリカの多くの自治体とイリノイ州は、べらぼうに高い債券発行コストに直面している。カリフォルニアの2つの都市であるストックトン（Stockton）とサン・バーナーディーノは、まさに破産を宣言しようとしている。イリノイ州も、法外な債券発行費用に直面している。アメリカでは、政府が歳出限度額を上げ続けていくのか、悲惨な状態にある政府年金や医療費の問題をどうやりくりするのかという問題が、不確実性の暗雲を増大させ、投資と消費を鈍らせているのだ。

国家間はどのようにしたら相互利益のためにより良い協働を行うことができるのか？

低成長経済での主たるリスクは、民間部門の利益圧力に根負けして、関税障壁をつくってしまい、保護政策になりつつある国がでてくることだ。このような窮乏化のプロセスを近隣諸国がとりはじめると、各国は、世界の貿易と事業成長を低下させる不健全な効果があるにもかかわらず、自己防衛のための障壁をつくることが正しいことだと感じるようになっていく。これは、倹約のパラドックスの状況に似ている。そこでは、個人が収入の多くを貯蓄にまわし、消費を控えるようになって、その結果、所得がさらに減ってしまうことになる。

われわれは、国際貿易を制限するのではなく促進するために、ＷＴＯや他の国際機関を通じて、世界の国々と協力していく必要がある。知的財産保護、貿易ガバナンス、輸送規制、銀行や金融規制、通信およびインターネット標準に関する、商取引ルールの世界標準を確立するよう、各国政府や民間部門の関係者間で、より緊密な連携をしていかなければならないのだ。

自由貿易は、世界経済の成長とその結果としての事業の成長のための唯一の課題ではない。

財政的に行き詰っている発展途上国の経済を支援するために、先進国の資本を注入する国際通貨基金（ＩＭＦ）といった国際金融機関もあるからだ。われわれは、欧州中央銀行（ＥＣＢ）の複雑で微妙な努力を目の当たりにしている。ユーロを保持することでＥＵ南部の困窮する経済を引き受け、欧州経済とビジネスの復興のために、ユーロの価値を安定させるメカニズムを機能させるといった手法を現在進行形で試している画期的な瞬間にいるのである。

結　論

政府ならびに政府機関は、どの国でも重要な役割を果たしている。最小限にすれば、政府の役割は、防衛、インフラ、教育に制限されるかもしれない。しかし、これらの小さな役割においてさえも、政府は、軍事設備および消耗品、鉄道、港湾、空港、ハイウェイ、学校といったプロジェクトの実現のためには、製品・サービスを供給する民間企業のサポートを必要とする。政府が、必要とされる商品やサービスに公的資金を歳出するなど、さらなる役割を担っている国もある。これらの取り組みをしつつ、政府は一般的に、プロジェクトの入札には営利企業を招き入れる。今日、政府はますますインフラ整備目的の資金確保のために、官民パートナーシップ（ＰＰＰ）へと向かっている。ＮＧＯもまた、追加的な財やサービスを必要とする場合がある。政府やNGOの仕事に入札する場合、企業は大量の書類業務が必要になるが、それでもこれらの仕事は、特に、政府やNGOと広く深い協力経験がある企業にとっては、利益をもたらす可能性が高い。企業や消費者支出が全体的に減少している時代では、強い経済力がある国の政府が、成長の機会を提供するような、歳出を増大させる可能性があることを、企業は肝に銘じておくべきだろう。

質問

1　自社が政府機関に対して行ってきた、すべての作業リストを作成しなさい。それは全般的には利益を生んだか、あるいはそうでなかったか？　もし利益を出さなかったのであれば、それはなぜだろうか？

2　あなたの会社が今日追求すべき利益を生み出す政府関連の仕事はあるか？　それを落札できるだろうか、利益を十分に生み出せるだろうか？

3　NGOで特定の部門を担当し、その部門で専門知識を身につけ、評判を得たことがあるか？　この部門でさらに多くの取り組みをしない理由は何か？

4　あなたの会社は、高い関税や非関税障壁を打ち立てた外国での売上を減らしているか？　そこで、今度はその国に対して関税や非関税障壁を高めるために、自国政府でロビー活動をしているか？　これは、その問題に対する最適な対応なのか？

●エピローグ●

われわれは今、大恐慌以来のもっとも大きな危機の時代にある。大恐慌時もそうであったが、今ここにある危機は、地球規模のものである。景気後退や失業、インフラの老朽化、貧困、軍事的・宗教的対立、環境問題、政治の二極化といった数多くの危機が同時に起こり、対策を無力化している。多様な行為者たち――個人やコミュニティ、企業、政府、政治指導者、科学技術・社会文化機関、ＮＧＯなど――は、自分たちの領域を維持しつつ、全体的な領域をも守るために、新たな行動を起こす必要がある。すなわち、われわれはみんな、世界経済を再び成長させるために、それぞれの役割を果たさなければならないということだ。

本書は、特に重要な領域であるビジネス（企業・事業）について書かれたものである。ビジネスは成長しなければならないし、また、成長のために他の領域と協力していかなければならない。ビジネスは成長のダイナミックな源泉――これまで、そしてこれからも、それは消費者のことであるが――と関係を築いていく必要がある。世界には多くの富がある。しかし富は、うまく配分されておらず、きちんと消費されたり投資されているとはいえない。国内市場であれ国際貿易であれ、経済成長の扉の鍵を開くのは、いつも消費である。消費が始動する鍵は、マーケティング力とその適用にある。

危機の時代においては、人々は消費を抑え、貯蓄に回す。将来を不安に思い、もしもの雨に備える。これこそがアメリカ、中国、欧州そして全世界で現在起きていることである。人が消費にお金を回さなくなると、産業は投資をしなくなる。貯蓄は個人にとってはいいことなのかもしれないが、しかし、社会全体にとってはたいてい悪いことなのだ。消費者と企業は、この倹約のパラドックスを理解しなければならない。もし仮に全員がさらに貯蓄に回してお金をますます使わなくなってしまうと、企業の収入は減り、コスト削減のために人員削減をする。このパラドックスは、景気後退期での高い貯蓄率は究極的には、人をより貧しくしてしまう、ということを示している。

好景気期には支出も投資も多い。好況期の課題は、個人と企業、政府が支出しすぎるのを抑えることだ。それは、個人の収入、企業の純利益、合理的な政府の（債権）与信限度額をはるかに超えて活動することを防ぐためである。たしかにこれらは、今、現在の混乱をもたらしたものである。しかし今、状況は変わった。われわれは縮小再生産しすぎたのであり、再び消費すべきときなのである。

マーケティングの仕事はいつも、消費に向かってボールを転がしつづけることであった。これは消費のための消費でもなければ、有閑階級のピラミッドをつくるためでもない。われわれは、地球上に住む何十億もの人々の、膨大な満たされないニーズを満たすための消費と投資について述べているのである。われわれはいまだ、満たされた世界には到達していない。

われわれがこれらを動員して、成長に向けて資金を投入させ、そして支出させるには、マーケティングを活用する以外の方法はない。当然、金融政策、財政政策や貿易政策は必要である。しかし、これらはマーケティングのシッポを追いかける犬であってはならないのだ。ものごとは、ひっくりかえしてみなければならない。企業や起業家、消費者が、政府や政治家のサポートを誘うものでなければならない。決してその反対であってはならないのだ。マーケティングをうまく活かすためには、企業や起業家、消費者が、政府が市場活動を支援するように影響を与えていく必要がある。緊縮経済か、消費刺激か、という二者択一の対応策をとっている2大政党の極端な立ち位置が経済の回復を遅らせている。本当は、次のケースがあらわすように、これら両方の対応策をバランスよく実行していくことができるのである。

経済回復の解決としての、緊縮経済と消費刺激の論争

アメリカは5年ごとに景気後退を経験してきた。自由資本主義企業には、これらの景気後退を生み出すような、何らかの性質があるように思える。カール・マルクスの『資本論』を読むことが、政治的な分析のためではなくて経済を分析するために、あるサイクルで流行するようだ。マルクスは、経済が成長するにつれ、成長が継続するという人々の思い込みによって、成長見込みが増大し続けることを述べた。バブルが育ち、それがはじけるポイントまで達すると、にわか景気ははじける。加えて、成長期においても賃金は十分に上がらず、高い消費支出を続けられるような、購買力の十分な広がりはみられない。マルクスは、労働者階級が自分達のつくったものすら買える余裕がないという惨めさを問題とした原注1。

もちろん、現実の生活においては、そのダイナミクスはもっと複雑である。しかし、富がアメリカや一部の国々にますます集中しつつあるのは真実である。今日、アメリカの43％の富を上位１％の富裕層が支配しており、それは所得の24％という計算になる。上位10％が持続的に収入増を得ているのに対して、90％は実質収入の増加がない。その結果、

かつてないほど富の集中が起こり、皮肉にも、そのことが富裕層自身が成長のサイクルを終わらせることを意味している。消費支出はこれまでのところＧＤＰの約70％であるが、消費者がこの支出レベルを維持するのは、抵当破綻や、限度額一杯の借入れ、与信限度や高い失業率に直面しているため、ますます難しい状況となっている。

方法としては、経済停滞の解決策として、まさに大きく異なった、全く対極の方策が2つある。すなわち、緊縮財政政策 対 経済刺激政策である。

解決策としての緊縮経済　緊縮財政を唱える論者は、政府が大きくなりすぎて、社会保障、メディケア（老人医療保障制度）、メディケイド（低所得者のための国民医療保障制度）、カレッジローン、就労不能保証制度と題されたプログラムに無駄にお金が費やされていると主張する。そして、これらの支出は減らされるか削減されるべきだと主張する。しかし彼らは、政府の巨額な軍事的支出を咎めることはしないし、これらのプログラムを実行するための新しい税を導入することにも反対する。彼らが政府に勧める切り口といえば、まるでほとんどの公務員が政治的な抜け穴であり、それらは民間企業に取り替えられなければならない、との論調で、教師や警察、消防の人員をもっと減らせ、ということだ。彼らは民間企業がこれらの公務員を受け入れるだけの仕事がなかった場合のことは言及しない。さらに悪い状態とは、仮にこれらの国で働いていた労働者たちが失業して新しい雇用先が見つからなかった場合、彼らは社会保障をうけることになり、それがますます政府の首を絞める、という事態である。それはますます、消費支出を支える、消費者の使えるお金が減る、ということになる。事実、まさに緊縮財政を採用することは、失業率を増加させる主要な要因となっている。緊縮財政は、人々の財布の紐を締めさせ、それが需要不足をひきおこし、結果として職も減る。ドイツが他のEU諸国に催促した厳しい緊縮財政の押し付けは、西欧諸国の状況を悪化させている、と指摘する経済学者がますます増えてきている。

緊縮財政論者は負債の負担やデフォルト回避、インフレに対して極端に懸念を示す。彼らは5年か10年先に起こるであろう結果に対してよりもむしろ、デフォルトやインフレが、まさにもうすぐ起こるという状態であるかのようにふるまう。そして負債がそれ以上増えることを望まず、政府が借入金を増やしたり、紙幣を刷ることに対して反対する。彼らの心配は、これらはインフレやドルの価値低下を引き起こし、それが債権者に損をさせる、ということにある。彼らは、借金は、債権者にではなく、債務者にもたらされるべきだと考えている。だから家計が逼迫して、仮にある家族が抵当をつけたローンを支払えなくなると、緊縮財政論者たちは、銀行がその抵当に入っていた家を抵当流れ処分にすることを求める。それゆえ、たとえ銀行が、家を買うために大きな借金をする人々に貸し付ける自由が過度に認められている場合においても、銀行の代わりに債務者が損害をこうむることになる。緊縮財政の問題はまさに、どれくらいの損失が債務者や債権者から生み出されているのか、そしてそのツケを誰が払うのか、ということなのである。

緊縮財政論者がする別の議論では、企業は投資のためのより大きなインセンティブが必要だ、ということだ。事業税と個人の所得税が低ければ、企業や個人が投資するインセンティブになる、というものだ。もちろん、需要と支出が、投資機会を誘引するのに十分大きいことは想定している。どうも、売り手が投資の鍵であると主張するサプライサイド経済学と、買い手が購買力を十分もたなければならないとするディマンドサイド経済学との間にミスマッチがあるようだ。

解決策としての支出刺激　それと反対の解決策は、消費刺激策を唱えることである。自由経済学者たちはこれを主張する。なかでもポール・クルーグマン（Paul Krugman）が有名であるが、彼は、他方で財政緊縮論者たちが失敗だったと主張している２００８年から２００９年にかけての最初の刺激策は小さすぎた、と批判する。その財源はインフラに使われずに、その大部分が州や地方自治体が公務員の雇用を維持するために使われたのである。しかしこれに対して、消費刺激策のほうが経済にプラスの影響を与えるという反論がある。資金を刺激しないと、多くの州は州の雇用者をクビにしないといけなくなり、その結果、合衆国の失業率は8・3%から11%へ、あるいは12%へと上昇することになる。これによって政府が追加的に負担しなければならなくなる失業対策費用が増えることは、説明するまでもない[原注2]。

できるだけ早く消費刺激の第2ラウンドに移行すべきであるという主張は、次の2つの点からなる。1つは、アメリカ経済が直面しているもっとも緊迫した問題は、国のデフォルトではなく、失業問題であるというものだ。政府は紙幣を刷ることができるので、まずは雇用を創出することが、われわれがまさに求めている、ビジネスと政府の歳入を増大させるというものである。短期国債の利回りは、アメリカドルが安全な準備通貨である限り、安定したものでありコントロール可能なのである。一方、中国元は、現在、東南アジア、ロシア、ブラジルなどの貿易決済で認められるようになってきているが、まだこれができるようになるには道のりは遠い。そしてこれがインフレスパイラルを引き起こすとは考えにくい。というのは、すべての圧力がインフレよりもむしろデフレに向かっているからである。もう1つは、競争が激化した経済では、企業は価格を引き上げるよりもむしろ、生き残りをかけてコストダウンを断行し、価格を切り下げる。インフレは価格が急激に上昇するときにのみ起こる。よって、雇用を生み出すための消費刺激策は、天井知らずのインフレを引き起こす機会をもたらすとはいいがたい、ということだ。

仮に双方の立場が、債務負担を減らすよりもむしろ、今は雇用創出が最優先だと認めるなら、経済回復へ向けた第一歩を踏み出すことができる。雇用創出の主要な領域としては、インフラが老朽化している分野があるということを認めるべきだ。多くの橋や道路、鉄道などのインフラで、修理やメンテナンスと新たな建設が必要となっている。これらすべては建設工事が発生し、それは、２００８年の住宅市場崩壊以降、職を失っていた建設関係の人員の再雇用を生み出すだろう。インフラ改善に対して支出するようになると、追加的な設備投資やサービスの必要性が増し、鉄鋼、セメント、その他の原料産業が復興する。うまくいけば、雇用創出は、他の産業が支出を増やすという波及効果を生み出す——そしてそれはひょっとしたら、消費者が消費支出を増やしてもいいのだという確信を促進するかもしれない。

これら緊縮財政と消費刺激の2つの議論の解決は可能なのだろうか？　われわれはこれまで、まるで中道の立場が存在しないかのように、これら双方の極端な立場を対比させてきた。これらの両極端の立場に対して、中間の範囲の意見があって、シンプソン・ボールズのレポートのような、債務削減と増税の折衷案を要請するような中道の立場で提案することはできないものだろうか？.[原注3]　党の事情で法が制定されるわけではないので、これは、特に合衆国の有権者の全体の30％を占める無党派層から広く支持を集めた、穏健な立場の意見である。
　一旦これら両極の立場がこの中道の立場で合意すると、多くの政治的な争いや、企業を悩ませ、投資や借入れを躊躇させてきた経済の不透明性が消え、もう一度、あの幸福な時代がやってくるだろう。

　われわれは道路、遠距離通信技術、エネルギーシステム、水の浄水・下水システムやその他のインフラ設備をよくするために、もっと資金を使い、投資しなければならない。現在、資金は不足していないのである。単に自信と協力の欠如があるだけだ。われわれに必要なのは、単純に、個人、企業、組織や政府がもっとお金を費やすようにすることなのである。科学とマーケティングの実行によって、消費することの不安と戦い、恐れをなして貯蓄に回すという衝動に抵抗しなければならない。マーケティングは将来への自信と希望を生み出すことについて、より大きな役割を果たさなければならない。

　マーケティングには、すべての人のよりよい生活という夢を売る、比類ない力がある。企業が、魅力的な価格で、どんどん製品やサービス、経験を生み出していくことが必要である。iPadのような新しい製品がもっと出てくることが必要だし、反対に、金融派生商品は減るべきだ。われわれは生産とマーケティング・カルチャーを守っていく必要があり、マネーゲームでお金を増やそうとする金融カルチャーを減らしていくべきだ。そして、消費者の購買を促進させて企業が面白いことに投資するように、マーケターやニューエコノミストたちに呼びかける必要がある。マーケターが現実世界での消費や競争、イノベーションといったダイナミクスを扱うのを好む一方で、エコノミストたちは抽象論を好むため、マーケティングについてよく知らない。われわれはマーケティングと伝統的な経済学が、仮に緊密に協力して、企業戦略だけではなく公共政策にも影響を与えるようになるならば、双方にとって大いに得るものがあると提案したい。

すべての企業は1つではなく、2つのマーケティング部門が必要である。通常のマーケティング部門は戦術的なものである。その職務は、企業が現在作っているモノを売ることである。それは、製品（product）、価格（price）、流通（place）、プロモーション（promotion）の4Pを使って行うことになる。企業の製品を既存チャネル（流通経路）に提供し、またそれを届けるための新しいチャネル（流通経路）を作り出す。メッセージを伝えるのに伝統的なメディアを使用し、よりきめ細かく、あるいは適切なメッセージを適切なタイミングで適切な人々に伝えるために、現在ではデータベースやソーシャルメディアも使用する。

もう1つのマーケティング部門とは、戦略的なものである。それは、今日の製品動向に左右されず、将来に対して準備するものだ。企業は今から3年後に、顧客は一体何を欲しているのかを考える必要があり、将来の競合に備えなければならない。新しい技術や新しいメディアが出てくるかもしれないことを予想しなければならない。技術の進歩やグローバリゼーションによって現在おとずれている機会を視覚化するような、革新的な考え方を取り入れなければならない。トップマネジメントには、常に新しいアイデアを継続的に送り続けなければならない。

成長はこの陰鬱な時代においても可能である。われわれは機会を作り出す９つの主要なメガトレンドという処方箋から本書を書き起こした。そして成長への８つの途を指摘した。１つの途だけを遂行して、残りの７つが提供している機会を見過ごしてしまっている企業がある。また、いくつかの途に足を突っ込んではいるが、まさに平均レベルでのパフォーマンスしか発揮していない企業もある。われわれは本書で、企業をいかに成長させるかの解説と処方箋を述べてきた。また、企業が成長への異なった途をどのようにとれるかの疑問にも応えてきた。

マーケターは好機を捉えられるように訓練を積んでいる。彼らはあらゆる危機においても機会を発見するのが得意だ。企業が、危機の思考ではなくて、新しい成長の機会を発見するのに、いかにマーケティングを利用するかという思考に転換することを、われわれは望んでいる。

■原書注

序章

1 “Negative Population Growth: Historical and Future Trends,” www.npg.org/popfacts.htm.

2 Thomas B. Edsall, “The Hollowing Out,” *New York Times*, July 8, 2012.

3 Rana Foroohar, “Slowdown Goes Global,” *Time*, June 18, 2012, p.43.

4 Mark Penn and E. Kinney Zalesne, *Mircotrends: The Small Forces behind Tomorrow's Big Changes* (New York: Twelve, 2007).

5 Greg Verdino, *Micromarketing: Get Big Results by Thinking and Acting Small* (New York: McGraw-Hill, 2010).

第1章

1 Jack Neff, “P&G Plots Growth Path through Services,” *Advertising Age*, March 22, 2010.

2 Tim Calkins, *Defend Your Brand: How Smart Companies Use Defensive Strategy to Deal with Competitive Attacks* (New York: Palgrave Macmillan, 2012) を参照のこと。

3 Kotler Marketing Group, *Marketing Through Difficult Times: Best Practices of Companies that Found Ways to Prosper During the Great Recession, 2011* (Washington, DC: Tony Kotler, 2011)

4 Philip Kotler, “Phasing Out Weak Products,” *Harvard Business Review*, 43, no.2 (March-April 1965) : 107-118.

第2章

1 Christine Birkner, "10 Minutes with John Goodman," *Marketing News*, October 30, 2011, 28–32.

2 Mark J. Penn and E. Kinney Zalesne, *Microtrends: The Small Forces Behind Tomorrow's Big Changes* (New York: Twelve, Hachette Book Group, 2007).

3 *Mitchells Offers the Perfect One to One Fit*, FBNews.net/Smartbiz.com.

4 Stacy Straczynski, "Probing the Minds of Teenage Consumers," *AdWeek*, September 23, 2009.

5 Hermann Simon, *Hidden Champions: Lessons from 500 of the World's Best Unknown Companies* (Boston: Harvard Business School Press, 1996).

6 Theodore Levitt, "Marketing Myopia," *Harvard Business Review* (July–August 1960).

7 Euclid Industrial Maintenance and Cleaning, FBNews. net/Smartbiz.com.

8 Frederick Reichheld, "One Number You Need to Grow," *Harvard Business Review* (December 2003).

9 James L. Heskett, W. Earl Sasser, and Joe Wheeler, *The Ownership Quotient: Putting the Service Profit Chain to Work for Unbeatable Competitive Advantage* (Boston: Harvard Business Press, 2008).

10 Ben McConnell, Jackie Huba, and Guy Kawasaki, *Creating Customer Evangelists* (Washington, D C, Kaplan Publishing); Matthew W. Ragas and Bolivar J. Bueno, *The Power of Cult Branding* (Roseville, CA: Prima Venture, 2002); それと Ken Blanchard and Sheldon Bowles, *Creating Raving Fans*, (New York: Morrow, 1993).

11 Birkner, "10 Minutes with John Goodman," 30.

12 同書
13 Michael Lowenstein, "Employee Ambassadorship," Harris Interactive, 2007を参照のこと。
14 http://money.cnn.com/magazines/fortune/best-companies/2012/full_list.

第3章

1 www.interbrand.com/best-global-brands.
2 sensory marketingについては、Martin Lindstrom, *Brand Sense: Sensory Secrets Behind the Stuff We Buy*（New York: Free Press, 2005）を参照のこと。
3 Kevin Lane Keller, *Strategic Brand Management: Building, Measuring, and Managing Brand Equity*, 4th ed.（Upper Saddle River, NJ, Prentice-Hall, 2013）を参照のこと。

第4章

1 Gerard J. Tellis 編（2013）, *Unrelenting Innovation: How to Create a Culture of Market Dominance*（San Francisco, CA: Jossey-Bass, 2013）January，近刊の、Masahiro Fujita, President of Sony's System Technologies Laboratories, から引用。
2 この章の1部は、Fernando Trias de Bes and Philip Kotler, *Winning at Innovation: The A-F Method*（New York: Palgrave Macmillan, 2011）の許可にもとづいている。
3 Gilda Waisburd, *Creativity and Innovation*, Extension Forestry Reform, 1287 Col. Bosques de las Lomas CP 11700, Mexico, DF.
4 Trias de Bes and Kotler, *Winning at Innovation*,

5 Steven J. Spear and John Kenagy, Deaconess-Glover Hospital（A）, Harvard Business School Case, Prod. #: 601022-PDF-ENG, July 19, 2000.

6 yet2.com Inc., www.businessweek.com/magazine/content/06_17/b3981401.htm.

7 Peter C. Honebein and Roy F. Cammarano, "Customers at Work," *Marketing Management* 15, no.8（January-February 2006）: 26-31; Peter C. Honebein and Roy F. Cammarano, *Creating Do-It-Yourself Customers: How Great Customer Experiences Build Great Companies*（Mason, OH: Texere Southwestern Educational Publishing, 2005）.

8 Trias de Bes and Kotler, *Winning at Innovation.*

9 Stephan Thomke and Eric von Hippel, "Customers as Innovators: A New Way to Create Value," *Harvard Business Review*（April 2002）: 74-81.

10 この領域のパイオニア的成果は Eric von Hippel, "Lead Users: A Source of Novel Product Concepts," *Managament Science* 32, no.7（July 1986）: 791-805. である。同様に Eric von Hippel, *Democratizing Innovation*（Cambridge: MIT Press, 2005）；それと Pamela D. Morrison, John H. Roberts, and David F. Midgley, "The Nature of Lead Users and Measurement of Leading Edge Status," *Research Policy*, 33, no.2（2004）: 351-362.

11 Jeff Howe, *Crowdsourcing: Why the Power of the Crowd Is Driving the Future of Business*（New York: Crown Business, 2008）.

12 "Fiat Mio, the World's First Crowdsourced Car," を参照のこと。 http://www.ideaconnection.com/open-innovation-success/Fiat-Mio-the-World's-First-Crowdsourced-Car-00273.html.

13 Guido Jouret, "Inside Cisco's Search for the Next Big Idea," *Harvard Business Review*（September

2009): 43-45; Anya Kamentz, "The Power of the Prize," *East Company* (May 2008): 43-45 Cisco. www.cisco.com/web/solutions/iprize/index.html.

14 Patricia Seybold, *Outside Innovation: How Your Customers Will Codesign Your Company's Future* (New York: Harper Collins, 2006).

15 Philip Kotler and Kevin Keller, *Marketing Management*, 13th ed. (Upper Saddle River, NJ: Pearson/Prentice-Hall, 2008), 577.

16 John W. Heinke Jr,. and Chun Zhang, "Increasing Supplier-Driven Innovation," *MIT Sloan Management Review* (Winter 2010) : 41-46; Eric (Er) Fang, "Customer Participation and the Trade-Off Between New Product Innovativeness and Speed to Market," *Journal of Marketing* 72 (July 2008) : 90-104. この調査も、顧客が関わるとそれぞれのステージで高いレベルの相互作用と調整が必要になり、開発プロセスは遅れる可能性があると注意している。

17 "Asia's New Model Economy," *The Economist*, October 1, 2011, p.14.

18 Robert G. Cooper, "Stage-Gate System: A New Tool for Managing New Products," *Business Horizons* (May-June 1990).

19 Trias de Bes and Kotler, *Winning at Innovation*, 第2章。

20 同書第9章を参照のこと。

21 W. Chan Kim and Renee Mauborgne, *Blue Ocean Strategy: How to Create Uncontested Market Space and Make the Competition Irrelevant* (Boston: Harvard Business School Press, 2005) から例を引用している。

22 www.innovaforum.com.

23 "The World's Most Innovative Companies. Special Report-Innovation," *Business Week*, April 24, 2006.

24 Philip Kotler, Hermawan Kartajaya, and David Young, *Attracting Investors: A Marketing Approach to Finding Funds for Your Business* (Hoboken, NJ: John Wiley & Sons, 2004) を参照のこと。

25 C.K. Prahalad, *The Innovation Sandbox*, Strategy+Business, Booz Company, reprint #06306.

26 Philip Kotler and Fernando Trias de Bes, *Lateral Marketing: A New Approach to Finding Product, Market, and Marketing Mix Ideas* (Hoboken, NJ: John Wiley & Sons, 2003).

27 Kotler, Kartajaya, and Young, *Attracting Investors*.

第5章

1 "A Profile of U.S. Importing and Exporting Companies, 2009-2010," U.S. Department of Commerce, Washington, D.C. 20230, April 12, 2012.

2 www.census.gov/econ/smallbus.html#.

3 Tyler Cowen, "What Export-Oriented America Means," *The American Interest* (May-June 2012). を参照のこと。

4 Country Projections in OECD Economic Outlook を参照のこと。 www.oecd.org/OECD Economic Outlook.

第6章

1 Michael E. Porter, "From Competitive Advantage to Corporate Strategy," *Harvard Business Reivew*, (May 1987).

2 "KPMG Identifies Six Key Factors for Successful Mergers and Acquisitions; 83% of Deals Fail to Enhance Shareholder Vaule," *Risk World*, November 2009, 1999.

3 Ulrike Malmendier, Enrico Moretti, and Florian Peters, "Winning by Losing: Evidence on Overbidding in Mergers," April 2011, http://economics.mit.edu/files/6628.

4 "FTC to Challenge Nestlé, Dreyer's Merger," www.ftc.gov/opa/2003/03/dreyers.shtm を参照されたい。

5 "Joint Ventures and Strategic Alliances," *Encyclopedia of Business*, 2nd ed. www reference for business / encyclopedia

6 www.abrakadoodle.com/Crayola.htm.

7 ウィキペディア（Wikipedia）の"Co-branding"を参照されたい。

第7章

1 Philip Kotler, David Hessekiel, and Nancy R. Lee, *Good Works! Marketing and Corporate Initiatives That Build a Better World...and the Bottom Line*, (John Wiley and Sons, 2012). でこれら6つの先駆的取組みをとりあげている（未邦訳）。

第8章

1 Paul Begala, "Blame the Right: The GOP Puts Party Before Country Every Time," *Newsweek*, May 21, 2012, p. 14.

2 Michael Lind, *Land of Promise: An Economic History of the United States*, (New York: Harper/Harper Collins, 2012). このアメリカ経済史は、連邦政府は民間企業に対する厳格なパートナーとしてふるまうときこそ、国家が反映するという議論をしている。

3 Milton Friedman, "The Role of Government in Education," in *Economics and the Public Interest*, ed. Robert A. Solo, Rutgers, NJ., Rutgers University Press, 1955. (訳者注 ミルトン・フリードマン『資本主義と自由』(村井章子訳)、日経ＢＰ社、２００８年などに再録されている。)

4 ＡＤＢ研究所のワーキングペーパーを参照されたい。"Illustrative Examples of PPP in the EU," www.adbi.org/working-paper/2011/05/13/4531.financial.instruments.ppp.infrastructural.dev.eu/illustrative.example.of.ppp.in.the.eu/.

エピローグ

1 "Marx to Market," *Bloomberg Business Week*, September 19-25, 2011, 10-11. を参照されたい。

2 Dylan Matthews,"Did the stimulus work?" A review of the nine best studies on the subject, "Washington Post, August 24, 2011. を参照されたい。「私が見つけた9つの調査のうち、6つは刺激が雇用と経済成長に有効であるといい、3つは極めて限定的だと言っている」

3 Jeanne Sahadi,"Bowles-Simpson Back on Table," *CNN Money*, April 17, 2012.

監訳者あとがき

本書は、Philip Kotler and Milton Kotler, *Market Your Way to Growth: 8 Ways to Win*, John Wiley and Sons, 2013の全訳である。訳出にあたっては、先行的にＰＤＦで提供された第二校正済の原稿と２０１３年１月刊行の初版を底本とした。

フィリップ・コトラー教授は、今さらここで紹介するまでもなく、マーケティング研究の世界的権威であり、ノースウェスタン大学ケロッグ経営大学院の国際マーケティングＳ・Ｃ・ジョンソン・アンド・サンズ記念教授を務める、この学界でもっとも有名なグル（導師）である。コトラー教授の主著『マーケティング・マネジメント』はすでに14版（邦訳は12版まで）を重ね、世界中の経営大学院や経営者たちの必須のテキストとなっている。コトラー教授にはすでに数えきれないほどの著書、共著があるが、本書『コトラー8つの成長戦略：低成長時代に勝ち残る戦略的マーケティング』の最大の特徴は、コトラー・マーケティング・グループの社長であり実弟のミルトン・コトラー氏との共著だということである。それは既刊のテキストとは異なって、コトラー・マーケティング・グループの経営に基づくリアルなデータやコンサルティング経験がいたるところに散りばめられ、議論の説得度が一段と高まっているところに現れているだろう。

なかでも、監訳者の立場から本書の読みどころを3点指摘しておきたい。

第1に、低成長時代の成長戦略を明確に指摘していることである（序章）。２０１２年末からの安倍政権が謳う「アベノミクス」はインフレ推進の金融政策が主たる達成課題になってしまったが、しかしそれとて、つまるところは経済成長（消費促進）抜きには語れない。ただ、残念なことに、今の日本のような国で、再び、中国やインドのような年率10％に届くような経済成長を求めるのは現実的ではなく、低成長の時代であることを認識した上で、企業は、そしてわれわれは新しい成長の源泉を探さなければならない。それには、本書で示されているとおり、8つの方法があるというわけである。とりわけ本書でも再三示されているとおり、そしてミルトン・コトラー氏の得意領域である中国のような新興国市場への参入は、その有力な1つである（第5章）。実際問題として、それ以外の成長市場を想定するのは非常に難しいだろう。しかし、それは1つの途にすぎない。まだ十分に掘り起こされていない国内市場やその方法があるはずだ（第6章）、本書のメッセージはそこにある。

第2に、そのメッセージに強く関連するが、マーケティングの復権を強調していることである。エピローグでは特にそれが明確である。マーケティングこそが、今述べた、十分に掘り起こされていない市場やその方法を探し出せる手法なのである。それは単に市場調査の技術開発だけに当てはまらない（第1章、第3章）。むしろ既存のシステムを今一度組み直して、新しい意味や価値を見出す、そういった経営技術がマーケティングなのである。それは、企業と政府やＮＧＯ（第8章）、あるいは顧客との新しい関係を扱う第2章や第7章などに典型的に現れている。既存の仕組みが古く感じられるようになるのは、その仕組みの意味が「安定」してしまったからなのである。マーケティングとは、新製品導入はもとより、消費者の新しいニーズ、製品の使用方法、それに消費の意味付けなどをうまく探り出し、そこに市場を発見する、そういう経営技術である。本書はそれを強く主張している。

そして第3に、それ故にクリエイティビティやリーダーシップが強調される。既存のそういった仕組みをもう一度意味あるものにするためには、今のところは残念ながら、ある特定の能力に頼るしかないと言わざるを得ないからである。それはつまり、そういった仕組み改革のドライバーを合理的に組織立って実行する方法はあまりない、ということを意味している。イノベーティブな企業を取り上げている巷間入手可能な書籍を拝読すれば、そのことがかなり容易に推測できると思われる。したがって、本書の最大の特徴は、と問われれば、クリエイティビティやリーダーシップを扱っていることだと、わたくしは考える。というのは、リーダーシップ論は周知の通り、経営学やヒューマン・リソース・マネジメント論でもっぱら議論されるテーマであり、マーケティング研究にはあまり馴染みがなかったからである。今回、本書でコトラー教授はこの問題に正面から取り組み、数々の説得的な例をもって、第4章でクリエイティビティを操作化させることに成功している。おそらくそれも、コトラー・マーケティング・グループの経営での経験に立脚しているのだろう。

本書は、このようにこれまでのコトラー教授のテキストとは少し異なって、テーマ（低成長時代での持続的な成長）を明確にしているだけでなく、チェック項目があったり、問いかけがあったり、とても読み物的にまとめられており、手軽に読んでいただける書籍に仕上がっているという印象を持っている。とはいえ、コトラー理論が凝縮されて随所に散見され、教授の巨大な知の体系とそのテキストの醍醐味もたっぷり味わえることだろう。

このように低成長の時代にはマーケティングが一層重要になるというコトラー教授の問題意識を、いち早く日本でも公開するために、監訳者たちは手際よくそれを実行するチームを組織化し、ことにあたった。まず、翻訳家の秋山美穂氏（序章、第1章から第3章）の訳を手本として、金井（滝本）優枝大阪経済法科大学准教授（第4章、エピローグ）、西川英彦法政大学教授（第5章）、水越康介首都大学東京准教授（第6章）、横山斉理日本大学准教授（第7章）、吉田満梨立命館大学准教授（第8章）が、それぞれの章を訳出した。多人数で翻訳をすることの問題点（文体の相違、語彙の統一など）を解決するために、監訳者が全章を見直し、こなれた日本語にする作業を行った。

翻訳にあたっては、まず原文に忠実であることを優先し、翻訳家の秋山先生の訳し方を全員が参考にした。ただし、接続詞を補うことで読みやすさ（文のつなぎ方や文章の流れ）が向上する場合は、積極的に加筆している。本書はアメリカ企業の成長について示唆するところが中心なので、本書内に出てくる企業群は、日本人にまだ馴染みのない会社も多い。そこで、そういった会社はできるだけ訳者注を入れて、簡単に説明することにした。これは西川先生のアイディアである。ただ、翻訳作業をきわめて短い時間で済ませたので、厳密なルールを設定して、それに従って訳者注を入れているわけではないことをお断りしておきたい。

それでも、各訳者の感嘆に値する努力によって、極めて短時間で刊行するという目を見張る成果が達成された。緊急の事態を理解し、その能力を惜しみなく投入してくださった訳者のみなさんにはお礼の言葉もない。したがって、本書が訳者たちの努力にもかかわらず、難解で、読みづらい文章になっているのであれば、それはひとえに監訳者の能力不足であり、いかなる意味においても訳者のみなさんの責めに帰すものではないことを強調しておきたい。

フィリップ・コトラー教授といえば、われわれマーケティング研究者には特別の存在で、コトラー教授の書籍の翻訳に関われたことは、皆の喜びとするところである。そこで、最後に、このような特別な書籍の翻訳チャンスを与えてくださった碩学舎大西潔社長の決裁には心よりお礼を申し上げたい。持続的成長の重要性を説いた本書を深くご理解され、推薦の文をお送りくださったネスレ日本株式会社高岡浩三代表取締役社長兼ＣＥＯに感謝したい。本書は碩学舎からの刊行であるが、販売は中央経済社を通じて行われる。このような時宜を得た書籍の発売を快く受け入れてくださった中央経済社の山本憲央社長にお礼を申し上げ、時間との戦いを解消してくださった編集者の浜田匡氏に、私たちの感謝を届けたいと思う。

本書が悩める日本の成長の一助となることを祈って。

２０１３年４月

監訳者　**嶋口充輝**

竹村正明

■原著者紹介

フィリップ・コトラー（Philip Kotler）

ノースウェスタン大学ケロッグ経営大学院国際マーケティング S.C. ジョンソン・アンド・サンズ記念教授。彼の主著『マーケティング・マネジメント』は14版（邦訳は12版まで）を数え、世界中のビジネス・スクールの標準的テキストになっている。近年の主著に『マーケティング3.0』（朝日新聞出版）や『コトラーのマーケティング・コンセプト』（東洋経済新報社）などがある。過去40年間にわたってマーケティング学界の世界的権威であり、「フィナンシャル・タイムズ」が選ぶもっとも影響力のある経営学の師（グル）として第４位にランク付けされている。ウォール・ストリート・ジャーナルは、世界でもっとも影響力のある経営学者の第６位に選出している。

ミルトン・コトラー（Milton Kotler）

1985年に設立されたコトラー・マーケティング・グループ USA のチェアパーソン。コトラー・マーケティング・グループ・チャイナ（2004年設立）のチェアパーソンも務める。コトラー・マーケティング・グループは中国においてもっとも注目度の高いコンサルタント企業である。ミルトン・コトラー氏は、フィリップ・コトラー教授の実弟で、Clear-Sighted View of Chinese Business Strategy の共著者でもあり、China Business Press にたびたび寄稿している。

■監訳者紹介

嶋口充輝（しまぐち　みつあき）

慶応義塾大学名誉教授

竹村正明（たけむら　まさあき）

明治大学商学部教授

■訳者紹介

秋山美穂（あきやま　みほ）	翻訳家	第１章～３章
金井（滝本）優枝（かない（たきもと）まさえ）	大阪経済法科大学経済学部准教授	第４章、エピローグ
西川英彦（にしかわ　ひでひこ）	法政大学経営学部教授	第５章
水越康介（みずこし　こうすけ）	首都大学東京准教授	第６章
横山斉理（よこやま　なりまさ）	日本大学商学部准教授	第７章
吉田満梨（よしだ　まり）	立命館大学経営学部准教授	第８章

碩学舎ビジネス双書

コトラー　8つの成長戦略

低成長時代に勝ち残る戦略的マーケティング

2013年5月30日　第1版第1刷発行

著　者　フィリップ・コトラー
　　　　ミルトン・コトラー
監訳者　嶋口充輝
　　　　竹村正明
発行者　大西　潔
発行所　㈱碩学舎
　　　　〒514-0823　三重県津市半田97-5
　　　　E-mail info@sekigakusha.com
　　　　URL http://www.sekigakusha.com
発売元　㈱中央経済社
　　　　〒101-0051　東京都千代田区神田神保町1-31-2
　　　　TEL 03-3293-3381　FAX 03-3291-4437
印　刷　東光整版印刷㈱
製　本　誠　製　本　㈱

ISBN 978-4-502-48200-7　C3034